キソとキホン 小学6年生

「わかる!」がたのしい 社会

フォーラム・A

は　じ　め　に

　近年の教育をめぐる動きは、目まぐるしいものがあります。

　2020年度実施の新学習指導要領においても、学年間の単元移動があったり、発展という名のもとに、読むだけの教材が多くなったりしています。通り一遍の学習では、なかなか社会に興味を持ったり、基礎知識の定着も図れません。

　そこで学習の補助として、基礎的な内容を反復学習によって、だれもが一人で身につけられるように編集しました。

　また、「１回の学習が短時間でできるようにすること」、「各単元をホップ・ステップ・ジャンプの３段構成にすること」で学習への興味関心が持続するようにしてあります。

【本書の単元構成】

ホップ （イメージマップ）

　単元のはじめの２ページ見開きを単元全体がとらえられる構造図にしています。重要語句・用語等をなぞり書きしたり、図に色づけをしたりしながら、単元全体がやさしく理解できるようにしています。

ステップ （ワーク）

　基礎的な内容を学習しています。視点を少し変えた問題に取り組み、ポイントを読むことで理解が深まり、使える力が身につくようにしています。

ジャンプ （要点まとめ）

　学習した内容の定着を図れるように、要点をまとめた問題を単元末につけています。弱い点があれば、もう一度ステップ（ワーク）に取り組んでみましょう。

　このプリント集が多くの子たちに活用され、自ら進んで学習するようになり社会学習に興味関心が持てるようになれることを祈ります。

も く じ

1 イメージマップ　私たちのくらしと日本国憲法

 次のうすく書かれた言葉をなぞりましょう。

☆日本国憲法の三原則

こくみんしゅけん
国民主権

政治のあり方は
主人公として国民が
決める。

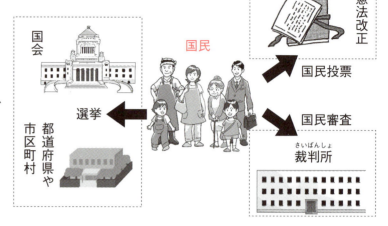

国会

国民

憲法改正

国民投票

選挙

国民審査

都道府県や
市区町村

さいばんしょ
裁判所

きほんてきじんけん　そんちょう
基本的人権の尊重

だれもがもっている
人間らしく生きる権利を
尊重する。

男女の平等　　信教の自由

学問の自由　　職業を選ぶ自由

へいわしゅぎ
平和主義

国どうしのもめ事の解決手段として
戦争を用いない。また、そのための
戦力をもたない。

戦争放棄

※ぐんかん ぶき
軍艦や武器はとかして
社会の発展につなげる
ことをめざしている図

☆三権分立

	衆議院	参議院
定数	465人	248人 (2022年変更予定)
任期	4年	6年
解散	ある	ない
立候補	25才以上	30才以上

法律や国の予算
決めを行う

・内閣総理大臣の指名
・内閣の信任・不信任の判断

・裁判官を裁判

国会
（立法権）

・衆議院の解散

・法律に憲法い反
がないか判断

選挙

・投票権は
18才以上の男女

世論

国民
（主権者）

国民審査

・政治に憲法い反がないか判断

内閣
（行政権）

・最高裁判所長官を指名
・そのほかの裁判官を任命

裁判所
（司法権）

政治を行う

裁判を行う

—5—

日本国憲法の三原則と国民主権

1 次の文の（　）にあてはまる言葉を┊┄┄┊から選んで答えましょう。

　　学校などの公共施設・設備_{しせつ}は、

（①　　　　　　）がつくりますが、

国が決めた（②　　　　　）がもとにな

ります。私たちの生活はこの（②）

によって守られていますが、その基本が（③　　　　　　　　）です。

（③）は1947年（④　　）月（⑤　　）日に施行_{しこう}されました。この日は

国民の休日で（⑥　　　　　　　　）になっています。

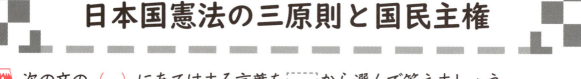

```
日本国憲法    市区町村    3    5    憲法記念日    法律
にほんこくけんぽう                        ほうりつ
```

2 日本国憲法について、あとの問いに答えましょう。

(1) 右の絵を見て、日本国憲法の三原則を答えましょう。

①	
②	
③	

①　　　　　　主権
②　　　　　　の尊重
③　　　　　　主義

憲法

① 主権　② 尊重_{そんちょう}の　③ 主義

(2) 次の文は(1)の①〜③のどれにあたりますか。番号で答えましょう。

　㋐（　　）国の主人公は国民一人ひとりである。

　㋑（　　）国民一人ひとりは、幸せに生きる権利をもつ。

　㋒（　　）戦争は絶対にしない。そのための軍隊をもたない。

学びのディープポイント! 憲法は、国や都道府県、市区町村が何か仕事をするときの基本になっていて、法律もこれをもとに定められているんだ。日本は、今まで主権が天皇にあった時代を長く過ごしてきたよ。国民主権を実現した憲法は、大変な戦争を経験してつくられた大切なものなんだ。

学習日

3 次の（　）にあてはまる言葉を ┈┈ から選んで答えましょう。

(1)　右の図は三原則のうち、どれを表したものですか。

（　　　　　　　　）

国会

Ⓐ

都道府県や
市区町村

ア

イ

ウ

憲法改正

さいばんしょ
裁判所

(2)　この図の中心にいるⒶはだれですか。

（　　　　　　　　）

(3)　右の図の㋐、㋑、㋒にあてはまる言葉は何ですか。

㋐		㋑		㋒	

(4)　㋐の権利をもつのは何才以上の国民ですか。　　（　　　　　　　）才以上

国民審査	国民投票	国民
国民主権	20　選挙	18

4 日本国憲法では、天皇はどのような地位にいますか。（　）にあてはまる言葉を ┈┈ から選んで答えましょう。

天皇は、日本の国や国民のまとまりの（①　　　　　　　）の地位につき、国の（②　　　　　　　）については権限をもたず、（③　　　　　　　）で定められた（④　　　　　　　）を行います。

国事行為	憲法	象徴	政治

基本的人権の尊重と平和主義

■ 次の（　）にあてはまる言葉を　　　から選んで答えましょう。

(1)　国民は生まれながらにして（①　　　　　　）で、（②　　　　　　）であり、
（③　　　　　　）で文化的な生活を営む権利（けんり）をもつとされています。これ
が日本国憲法（にほんこくけんぽう）にある三原則の（④　　　　　　）の尊重（そんちょう）です。ま
た、国民の幸福のため、3つの義務が定められています。

(2)　文中の＿＿＿部にあたる3つの義務を答えましょう。

⑦（　　　　　　義務）　　　①（　　　　　を納（おさ）める義務）

⑦（子どもに　　　　　を受けさせる義務）

＿＿＿＿＿＿＿＿＿＿＿＿＿＿＿＿＿＿＿＿＿＿＿＿＿＿＿
健康　　基本的人権　　平等　　自由　　教育　　税金　　働く
＿＿＿＿＿＿＿＿＿＿＿＿＿＿＿＿＿＿＿＿＿＿＿＿＿＿＿

② 次の①～④の絵は、基本的人権のどの内容にあたりますか。あてはまるものと線を結びましょう。

①　　　　　　②　　　　　　③　　　　　　④

⑦　　　　　　①　　　　　　⑦　　　　　　①
職業を選ぶ自由　　男女の平等　　信教の自由　　学問の自由

3 次の問いに答えましょう。

(1) 次の日本国憲法の内容にあてはまる言葉を $\fbox{}$ から選んで答えま
しょう。

憲法では争いを解決する手段とし
て（①　　　　　）はしないこと。ま
た、そのための（②　　　　　）やそ
の他の戦力をもたないこと。

これらのことが日本国憲法の
（③　　　　　）に定められています。

戦争放棄

$\fbox{軍隊　　第9条　　戦争}$

(2) この内容は憲法の三原則のうちのどれにあたりますか。

（　　　　　　　　　　　　　　　）

(3) 次の文で、(2)に関係する文2つに○をつけましょう。

㋐（　　）日本は原爆が落とされた国として、核のない世界を実現
するために、非核三原則をうったえている。

㋑（　　）国を守るためには、外国との戦争はありうる。

㋒（　　）国際連合の活動を中心に、他国と協力して、戦争や紛争
のない世界に向かう活動をしている。

㋓（　　）より強い軍隊をもつことで他国に対して発言力を高める。

—9—

国会・内閣・裁判所の働き

🗻 国会の働きについて、あとの問いに答えましょう。

(1) 次の選挙で選ばれる国会議員についての表にあてはまる言葉を┈┈┈から選んで答えましょう。

国　会

	①（　　　　　）	②（　　　　　）
議員定数	465 人	248 人
任期	③（　　）年	④（　　）年
⑤（　　　）	ある	ない
りっこうほ 立候補できる人	⑥（　　）才以上	⑦（　　）才以上

┈┈┈┈┈┈┈┈┈┈┈┈┈┈┈┈┈┈┈┈┈┈┈┈┈┈┈┈┈┈
　4　　6　　25　　30　　解散　　参議院（さんぎいん）　　衆議院（しゅうぎいん）
┈┈┈┈┈┈┈┈┈┈┈┈┈┈┈┈┈┈┈┈┈┈┈┈┈┈┈┈┈┈

(2) 国会で決めることで正しい文３つに〇をつけましょう。

⑦（　　）　国のきまりである法律（ほうりつ）をつくる。

⑦（　　）　次の天皇（てんのう）を決める。

⑦（　　）　国の予算（収入（しゅうにゅう）と支出）を決める。

⑦（　　）　外国との約束である条約を認（みと）める。

🗻 「国民の祝日」も法律で定められています。次の日の名前は何ですか。

① ５月５日　子どもの健康と幸福を願う日　→（　　　　　　　　）

② 11月23日　勤労（きんろう）する人たちに感謝をする日→（　　　　　　　　）

学びのディープポイント！ 国会は、国民が選んだ議員が国民を代表し、そこで任命された内閣総理大臣が政治の方向性を決めているんだ。国民から間接的に選ばれた総理大臣は、国民の世論も受けて行政を行うよ。裁判所は、行政が憲法い反をしていないかの判断をすることも大事な仕事だね。

学習日　／

3 内閣(ないかく)について、あとの問いに答えましょう。

(1) 次の（　）にあてはまる言葉を〔　〕から選んで答えましょう。

　　内閣の主な仕事は（①　　　　　　）で決められた法律をもとに政治を行うことです。これを（②　　　　　　）といいます。

　　右の写真のように、各省庁(しょうちょう)（国の役所）のトップである（③　　　　　　）が話し合って進めていきます。（③）の最高責任者が（④　　　　　　）で、首相(しゅしょう)ともよばれます。

> 行政(ぎょうせい)　　内閣総理大臣　　国会　　国務大臣

(2) 内閣の仕事であるもの2つを〇で囲みましょう。

（　⑦　予算案の作成　　　　⑦　外国と条約を結ぶ　　　⑦　法律の制定　）

4 裁判所(さいばんしょ)の働きについて、次の（　）にあてはまる言葉を〔　〕から選んで答えましょう。

　　裁判所の主な仕事は、争いごとや犯罪がおきると、（①　　　　　）や（②　　　　　）にもとづいて公正に解決します。これを（③　　　　　）といいます。また、（④　　　　　）が決めた法律や、（⑤　　　　　）が行った政策(せいさく)について憲法にい反(はん)していないかの審査(しんさ)もします。

> 内閣　　国会　　憲法(けんぽう)　　司法　　法律

—11—

三権分立と地方自治・災害復興

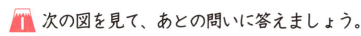

次の図を見て、あとの問いに答えましょう。

(1) 図のような関係になっているのはなぜですか。（　）にあてはまる言葉を ┊┄┄┊ から選んで答えましょう。

国会・内閣・裁判所はそれぞれ国を動かす（①　　　　　）をもっています。これらの（①）が集中しないようにしたしくみを（②　　　　　）といいます。そして、その中心にいるのが（③　　　　　）なのです。

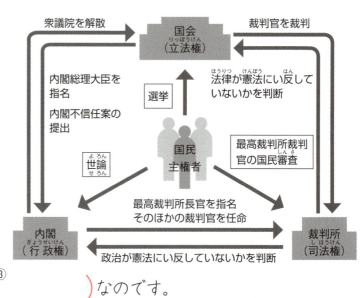

┌─────────────────────────┐
│　権力　　　国民　　　三権分立　│
└─────────────────────────┘

(2) 図を見て、（　）にあてはまる言葉を答えましょう。

① 国会（　　　　　）権 …（　　　　　　　　　）を指名する。

　　　　　　　　　　　　　裁判官を（　　　　　）できる。

② 内閣（　　　　　）権 …（　　　　　　　）を解散できる。

③ 裁判所（　　　　　）権 …法律が（　　　　　）にい反していないかを判断。

④ 国民はこれらを審査し、見守る（　　　　　　　）である。

2 次の（　）にあてはまる言葉を から選んで答えましょう。

地域の政治を住民自ら行うことを（①　　　　　　）といいます。この

目的は（②　　　　　　　　）を実現することにあります。そのために住

民は地方自治体の（③　　　　　　）や（④　　　　　　）を直接（⑤　　　　　　）に

よって選ぶことができます。

> 選挙　　住民の願い　　地方自治　　長　　議員

3 次の図は、市民の願いが実現するまでの流れを表しています。
図の □ にあてはまる言葉を から選んで答えましょう。

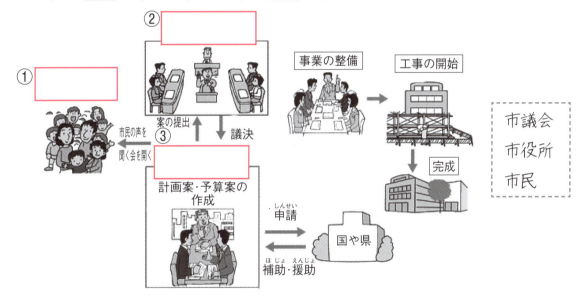

> 市議会
> 市役所
> 市民

4 災害が発生したときの対策として、正しい文２つに○をつけましょう。

㋐　（　　）　救助活動や援助方法などの対策を立て、国が直接住民を助
　　　　　　　ける。

㋑　（　　）　自治体はひなん所を開設し、水や必要な物資を提供する。

㋒　（　　）　都道府県は、救助のために自衛隊などに出動を要請するな
　　　　　　　ど、市を援助する。

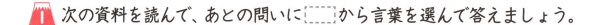

ジャンプ

私たちのくらしと日本国憲法

1 次の資料を読んで、あとの問いに「＿＿＿」から言葉を選んで答えましょう。

> （略）国の政治は、国民から任されたことであり、その権威<ruby>権威<rt>けんい</rt></ruby>（力）は本来国民のものである。政治の力は国民の代表者によって使われ、そこから得られる幸福と利益は国民が得るものである。これは人類全体の昔から変わらぬ根本的なことである。

(1) この文は何<ruby>憲法<rt>けんぽう</rt></ruby>について書かれたものですか。

（　　　　　　　　）

(2) 政治の力は、本来はだれがもつものですか。　（　　　　　　　）

(3) 政治はだれのために、何のために行うのですか。

（　　　　　　）の（　　　　　　　　　）のため

(4) この考え方は(1)の憲法の三原則のどの<ruby>項目<rt>こうもく</rt></ruby>にあたりますか。

（　　　　　　　　）

2 次の言葉を説明している文を線で結びましょう。

① 選挙権　　　・

② <ruby>天皇<rt>てんのう</rt></ruby>の地位　・

③ 平和主義　　・

・㋐ 争いを解決する<ruby>手段<rt>しゅだん</rt></ruby>として戦争はしないと決めた。

・㋑ 天皇は国民の<ruby>象徴<rt>しょうちょう</rt></ruby>であって政治には関わらない。

・㋒ 成人（18才以上）のすべての国民に選挙権がある。

3 次の図を見て、あとの問いに答えましょう。

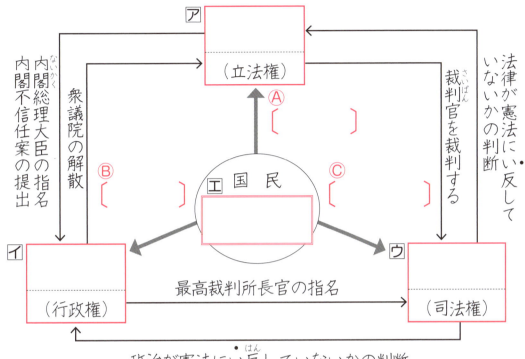

(1) 図中の ア 〜 ウ と Ⓐ 〜 Ⓒ にあてはまる言葉を答えましょう。

内閣　　裁判所　　国会　　国民審査　　世論　　選挙

(2) 次の仕事は、ア 〜 ウ のどこで行われていますか。記号で答えましょう。

① （　　）　国の予算を決めたり、法律をつくったりする。

② （　　）　憲法や法律に基づいて争いごとなどを解決する。

③ （　　）　法律や予算をもとに、実際に政治を進める。

(3) 図の エ にあてはまる言葉を □ に答えましょう。

(4) この図のようなしくみを何といいますか。　　（　　　　　　　　　　）

② イメージマップ 縄文・弥生・古墳時代

🗻 次のうすく書かれた言葉をなぞりましょう。

時代	年	主なできごと
Ⓐ 縄文時代 (じょうもん)	約1万2千年前	主に 狩猟採集生活 (しゅりょうさいしゅうせいかつ)
Ⓑ 弥生時代 (やよい)	約2400年前	大陸から 米づくり が伝わり、定住(じゅう)が基本になる(てい)
		むらができる
		むらを従(したが)えた くに ができる
	3世紀ごろ	くにを従えた 邪馬台国(やまたいこく) が栄える
		古墳がつくられ始める
Ⓒ 古墳時代 (こふん)	4世紀ごろ	大和朝廷(やまとちょうてい) の力が強まる
		渡来人(とらいじん) が大陸の文化を伝える
	5世紀ごろ	大仙(仁徳天皇陵)古墳がつくられる(だいせん にんとくてんのうりょう)
		漢字が伝わる
	6世紀ごろ	仏教が伝わる

Ⓐ 三内丸山 _{い せき}遺跡
さんないまるやま

縄文土器

たて穴住居

米づくりのようす

高床倉庫

Ⓑ 吉野ヶ里 _{い せき}遺跡
よし の が り

弥生土器

ひ み こ
卑弥呼

やまたいこく
邪馬台国
（30のくにを従えた）

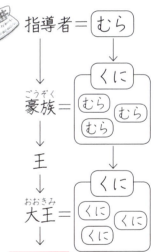

指導者＝むら

くに
むら むら
むら

ごうぞく
豪族＝

王

くに
くに くに
くに

おおきみ
大王＝

てんのう
天皇

Ⓒ 大仙 （仁徳天皇陵）古墳

はにわ

やまとちょうてい
大和朝廷

鉄の刀

大陸の文化

仏教・漢字・焼き物
_{ど ぼく}
土木や建築・織物など

縄文時代・弥生時代（前期）

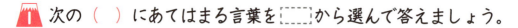

1 次の（　）にあてはまる言葉を　から選んで答えましょう。

今から約１万２千年前から数千年間は（①　　　　）時代とよばれ、右の絵のようなくらしをしていました。

家は（②　　　　）住居で地面の上に直接建てられ、服は植物のせんいを編んだ粗末なものでした。

食料は森や山で（③　　　　）をとり、（④　　　　）を集め、また、川で（⑤　　　　）や貝などをとっていました。

> たて穴　　魚　　縄文（じょうもん）　　けもの　　木の実

2 この時代のくらしの道具について、あとの問いに答えましょう。

(1)　㋐は食料の保存（ほぞん）や煮（に）たきに使われていました。何という道具ですか。

（　　　　　　）

㋐　　　㋑　　　㋒

矢じり　　つりばり

(2)　㋑や㋒は何のための道具ですか。　（　　　　　　）をとる道具

学びのディープポイント！　縄文と弥生時代の違いは、生活様式が
よくあげられるね。文明が進むほど、土器の質もよくなり、石器など
もよりさまざまな使い道の道具が誕生したよ。石ぼうちょうや田げた
などは、弥生時代に米づくりが進んだことで、生まれた道具だね。

学習日

3 次の（　）にあてはまる言葉を［＿＿＿］から選んで答えましょう。

今から2400年ほど前には大陸から（①　　　　）が伝わりました。主な食料が米になり、それを保存するための（②　　　　）倉庫も現れました。

共同でする仕事が増え、それを指導する人を中心に（③　　　　）が生まれ、１つの場所でくらすようになりました。やがて、米づくりに適した（④　　　　）や（⑤　　　　）、たくわえた米をめぐって争いがおこるようになりました。

> むら　　土地　　高床（たかゆか）　　水　　米づくり

4 この時代のくらしの道具について、あとの問いに答えましょう。

(1) ⑦は何という土器ですか。

（　　　　　　　）

⑦ 　　⑦ 　　⑦

くわ　　石包丁（いしぼうちょう）

(2) 下の文は⑦、⑦のどちらの道具を説明した文ですか。

① 稲（いね）かりのとき、穂（ほ）をもって米をかり取る道具　　（　　　）

② 田を耕すときの木製の道具　　（　　　）

弥生時代（後期）・古墳時代（大和朝廷）

1 次の（　）にあてはまる言葉を┈┈┈から選んで答えましょう。

むらとむらが争い、もう一方を 従える ことでさらに力をもった
（①　　　　　）が生まれました。

今から1800年ほど前には（②　　　　　　）を女王と
する（③　　　　　　）が30ほどのくにを 従えまし
た。（④　　　　　　）にも使者を送り、倭の王とよばれ
るほどの勢いがありました。（②）は 宮殿 に住み、
（⑤　　　　　　）で政治を決めていました。

```
卑弥呼    くに    邪馬台国    中国    うらない
```

2 右の図は吉野ヶ里遺跡を表しています。あとの問いに┈┈┈から言葉を
選んで答えましょう。

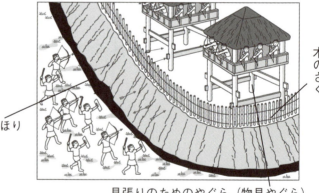

木のさく

ほり

見張りのためのやぐら（物見やぐら）

(1) この建物は何に使わ
れていましたか。

（　　　　　　　　）

(2) (1)などのむら全体を
囲んでいるものは何で
すか。

（　　　）や（　　　）

(3) このころの戦いの道具は何ですか。　　弓や（　　　　　　　　　）

```
見張り台    鉄製の剣    ほり    さく
```

3 次の（　）にあてはまる言葉を［　］から選んで答えましょう。

　くにとくにの争いの中で、さらに大きくなったくにの（①　　　）や豪族(ごうぞく)は、自分のもっている力を示すために大きな墓をつくりました。それが（②　　　）です。今から1500年ほど前から全国でつくられるようになり、大阪府にある（③　　　）は長さ400mをこえる大きさがあります。この地に強大な（④　　　）で統一国家の（⑤　　　）朝廷が誕生(たんじょう)した頃(ころ)でした。

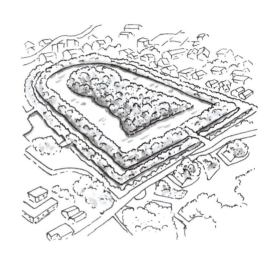

> 大仙古墳(だいせんこふん)(仁徳天皇陵(にんとくてんのうりょう))　　王　　大和(やまと)　　古墳　　政権(せいけん)

4 写真を見て、あとの問いの答えを後から選んで答えましょう。

　古墳からは、（①　　　）や家、馬などの形をした大量の（②　　　）が出土しました。また、（③　　　）やよろいに（④　　　）のような身につけるものから、銅(どう)鐸(たく)なども出土します。これらは大陸から来た（⑤　　　）が伝えたもので、（⑥　　　）や織物なども日本に伝えました。

> かぶと　　兵士　　漢字　　はにわ　　勾玉(まがたま)　　渡来人(とらいじん)

ジャンプ

縄文・弥生・古墳時代

Ⅰ 次の⑦～⑦の写真を見て、あとの問いに答えましょう。

⑦	⑦	⑦

(1) 次の表にあてはまる言葉を ┊┈┈┊ から選んで答えましょう。

⑦	⑦	⑦
(① 　　　　　　)時代	(② 　　　　　　)時代	(③ 　　　　　　)時代
(④ 　　　　　　)遺跡	(⑤ 　　　　　　)遺跡	(⑥ 　　　　　　)古墳
・(⑦ 　　　　　　)や 弓矢、つりばりなど ・狩りや漁と木の実の (⑧ 　　　　　　)	・(⑨ 　　　　　　)や 石包丁、田げたなど ・(⑩ 　　　　　　)が 始まる ・(⑪ 　　　　　　)や (⑫ 　　　　　　)が できる	・大和朝廷を治めた (⑬ 　　　　　　)が後に 天皇になる ・(⑭ 　　　　　　)を 政権の中に入れて、 文化を取り入れた ・家や武人などの形を した(⑮ 　　　　　　)

┌──────────────────────────────────┐
古墳　　弥生　　縄文　　三内丸山　　吉野ヶ里

大仙（仁徳天皇陵）　　はにわ　　採集　　米づくり

縄文土器　　弥生土器　　むら　　くに　　渡来人　　大王
└──────────────────────────────────┘

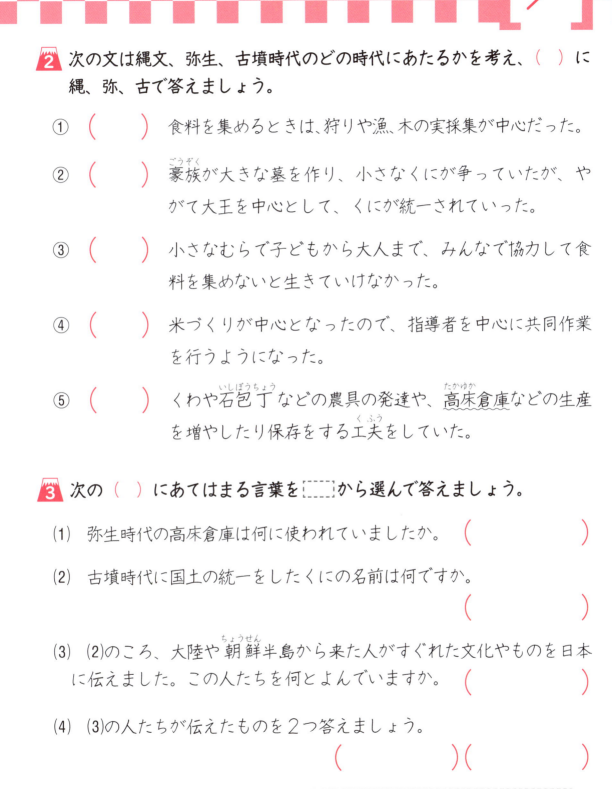

2 次の文は縄文、弥生、古墳時代のどの時代にあたるかを考え、（　）に縄、弥、古で答えましょう。

① （　　　） 食料を集めるときは、狩りや漁、木の実採集が中心だった。

② （　　　） 豪族（ごうぞく）が大きな墓を作り、小さなくにが争っていたが、やがて大王を中心として、くにが統一されていった。

③ （　　　） 小さなむらで子どもから大人まで、みんなで協力して食料を集めないと生きていけなかった。

④ （　　　） 米づくりが中心となったので、指導者を中心に共同作業を行うようになった。

⑤ （　　　） くわや石包丁（いしぼうちょう）などの農具の発達や、高床倉庫（たかゆか）などの生産を増やしたり保存をする工夫（くふう）をしていた。

3 次の（　）にあてはまる言葉を □ から選んで答えましょう。

(1) 弥生時代の高床倉庫は何に使われていましたか。　（　　　　　　　　　）

(2) 古墳時代に国土の統一をしたくにの名前は何ですか。

　　　　　　　　　　　　　　　　　　　　　　（　　　　　　　　　）

(3) (2)のころ、大陸や朝鮮半島（ちょうせん）から来た人がすぐれた文化やものを日本に伝えました。この人たちを何とよんでいますか。（　　　　　　　）

(4) (3)の人たちが伝えたものを2つ答えましょう。

　　　　　　　　　　　　（　　　　　　　）（　　　　　　　）

米の貯蔵（ちょぞう）　大和朝廷（やまとちょうてい）　漢字　ひらがな　織物　渡来人（とらいじん）

③ イメージマップ 飛鳥・奈良時代

次のうすく書かれた言葉をなぞりましょう。

時代	年	主なできごと
飛鳥時代（あすか）	593	聖徳太子（しょうとくたいし）が Ⓐ天皇中心の国づくりをすすめる
	603	冠位十二階（かんいじゅうにかい）を定める
	604	十七条の憲法（じゅうななじょう けんぽう）を定める
	607	法隆寺（ほうりゅうじ）を建てる
	645	大化の改新（たいか かいしん）
	694	藤原京（ふじわらきょう）に都をうつす
奈良時代（なら）	710	平城京（へいじょうきょう）に都をうつす
	724	聖武天皇（しょうむてんのう）が Ⓑ仏教（ぶっきょう）の力で国を治める
	741	全国に国分寺（こくぶんじ）・国分尼寺（こくぶんにじ）を建てる 総本山は東大寺（とうだいじ）
	752	大仏（だいぶつ）が完成

Ⓐ 天皇（てんのう）中心の国づくり

聖徳太子
・冠位十二階
・十七条の憲法

法隆寺

豪族（ごうぞく）
↓
貴族（きぞく）

小野妹子（おののいもこ）

遣隋使（けんずいし）

↓

遣唐使（けんとうし）

中大兄皇子（なかのおおえのおうじ）　と　中臣鎌足（なかとみのかまたり）

・大化の改新
・律令（りつりょう）

Ⓑ 仏教（ぶっきょう）の力で国を治める

聖武天皇
・行基（ぎょうき）が協力して
東大寺に大仏を建立（こんりゅう）

・鑑真（がんじん）を唐から招く

東大寺

平城京

唐招提寺（とうしょうだいじ）

〈シルクロードを通って来た物〉

びわ　　ガラスのうつわ

飛鳥時代

天皇を中心とした国づくり

🗻 **右の資料を見て、あてはまる言葉を ⌐⌐⌐ から選んで答えましょう。**

(1) この役人の心構え（こころがまえ）が書かれた文は
何とよばれるものの一部ですか。

（　　　　　　　　　　）

> 一、和を大切にし、争いをやめよ。
> 二、仏教を厚く敬え（うやま）。
> 三、天皇（てんのう）の命令を必ず守れ。
> ⋮

(2) (1)はだれが決めたものですか。

（　　　　　　　　　　）

(3) (1)は何のために定められたのですか。

（　　　　　　　　　）中心の国をつくるため

(4) すぐれた役人を家柄（いえがら）ではなく、能力で選ぶ制度を何といいますか。

（　　　　　　　　　　）

(5) 心構えの「二、仏教を厚く敬え。」を実現するために建てられた寺の
名前は何ですか。

（　　　　　　　　　　）

┌─────────────────────────────────┐
│ 十七条の憲法（けんぽう）　法隆寺（ほうりゅうじ）　天皇　冠位十二階（かんい）　聖徳太子（しょうとくたいし） │
└─────────────────────────────────┘

(6) (2)は中国のすぐれた文化を学
ぶために遣隋使（けんずいし）を送りました。
どの国にだれを送りましたか。

国名（　　　　　　）

人名（　　　　　　）

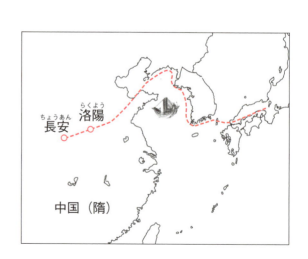

長安（ちょうあん）　洛陽（らくよう）
中国（隋）

┌─────────────────────────────────┐
│ 隋　唐（とう）　小野妹子（おののいもこ）　中臣鎌足（なかとみのかまたり） │
└─────────────────────────────────┘

学びのディープポイント！ 聖徳太子は、「馬小屋で生まれた」や「同時に十人の話が聞けた」など、伝説が多く残る人物だね。法隆寺はこの頃に建てられて、現存している最古の木造建築物なんだ。大化の改新で中心になった中臣鎌足は、藤原鎌足と改名し、その後の藤原家の地位を確立したよ。

2 次の（　）にあてはまる言葉を［＿＿］から選んで答えましょう。

　聖徳太子の死後、蘇我（そが）氏の力が天皇をしのぐほどになりました。そこで（①　　　　　　）と（②　　　　　　）が、645年に蘇我氏をほろぼし、天皇中心の政治をさらに進めました。この改革（かいかく）が（③　　　　　　）です。（③）は中国の（④　　　　）の制度を手本にしました。この改革により、土地や人々は国のものとなり、土地をあたえられた人々から（⑤　　　　）などが国に納められるようになりました。そして、力をもっていた豪族（ごうぞく）は（⑥　　　　）とよばれるようになりました。

> 大化（たいか）の改新（かいしん）　　唐（とう）　　税　　中大兄皇子（なかのおおえのおうじ）　　中臣鎌足　　貴族（きぞく）

3 律令（りつりょう）の新しい税の制度について、あてはまるものを線で結びましょう。

① 租（そ）　　　　・

・㋐ 年に10日間都で働くか、布を納める。

② 庸（よう）　　　・

・㋑ 織物や各地の特産物を納める。

③ 調（ちょう）　　・

・㋒ とれた稲（いね）の約3％を納める。

④ 兵役（へいえき）　・

・㋓ 九州や都を守る兵士になる。

聖武天皇の願いと仏教の力

次の（　）にあてはまる言葉を □□□ から選んで答えましょう。

710年、都が藤原 京 から（①　　　　　）に移されました。（②　　　　　）

時代の始まりです。

この町は中国にあった（③　　　　　）

の都を見本にして建設されました。

しかし、伝染 病 や天災、貴族の

（④　　　　　）などが次々とおこり、

不安定な社会でした。そこで、

（⑤　　　　　）は（⑥　　　　　）

の力でなんとか国を治めようと考え

ました。

```
反乱    聖武天皇    唐    平城 京    仏教    奈良    律令
```

次の写真を見て、あとの問いに答えましょう。言葉は □□□ から選んで

答えましょう。

① これは何という寺にある何ですか。

（　　　　　）にある（　　　　　）

② この像を建立 （つくる）しようとしたのは

だれですか。（　　　　　）

③ この像の完成に協力した僧はだれですか。

（　　　　　）

④ ②の人物が全国に建てさせた寺は何ですか。

（　　　　　）

```
東大寺    大仏    行基    聖武天皇    国分寺
```

学びのディープポイント！ 奈良時代には、東大寺とそこに納められた大仏が建立されたよ。現代でも大変な土木工事をこの時代に成功させたことがすごいね。遣唐使が持ち帰った宝物は、シルクロード（絹の道）を通って運ばれてきた物で、とても珍しい物だったんだ。

3 奈良時代は、外国との交流が盛んで、多くの物が日本に入ってきました。右の絵や写真を見て、あとの問いに答えましょう。

(1) これらのものを伝えたのは、中国（唐）への使節や留学生でした。何とよばれていますか。

（　　　　　　　　）

ガラスのうつわ

(2) これらは遠く西アジアから、何という道を通って、日本までやってきましたか。

（　　　　　　　　）

びわ（楽器）

(3) これらのものが納められている寺と建物の名前を答えましょう。

（　　　　　　　　）寺の（　　　　　　　　）

4 奈良時代には2人の高僧（えらいお坊様）がいました。それぞれの名前を書き、その業績（したこと）を ┊　┊ から選んで記号で答えましょう。

①

（東大寺の大仏建立に協力）

②

（中国から唐招提寺に招かれた）

	名前	業績
①		
②		

名前	行基　　鑑真
業績	⑦　6度目にやっと日本への渡航に成功し、正しい仏教を伝えた。 ⑦　国民にしたわれ、聖武天皇の大仏づくりの力となった。

飛鳥時代・奈良時代

🗻 次の建物を見て、あとの問いに答えましょう。

Ⓐ 　　　Ⓑ

(1) ⒶとⒷが建てられた時代とその名前、建てた人物を答えましょう。

	時代	建物	人物
Ⓐ			
Ⓑ			

奈良　飛鳥(あすか)　東大寺(とうだいじ)　法隆寺(ほうりゅうじ)　聖武天皇(しょうむてんのう)　聖徳太子(しょうとくたいし)

(2) 次の文は、ⒶとⒷを建てたどちらの人がしたことですか。
　　（　）にあてはまる記号を答えましょう。

① （　）仏教を広めるために全国に国分寺(こくぶんじ)を建てた。

② （　）「十七条の憲法(けんぽう)」を定め、天皇(てんのう)の命令に従(したが)うように求めた。

③ （　）能力ある役人を選ぶため、「冠位十二階(かんい)」の制度を定めた。

④ （　）大きな仏像を行基(ぎょうき)の協力を得て建立(こんりゅう)した。

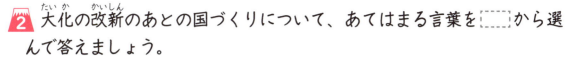

2 大化の改新のあとの国づくりについて、あてはまる言葉を[　　]から選んで答えましょう。

(1) 人々は国から④を割りあてられて⑧を納めました。
　　④と⑧は何ですか。

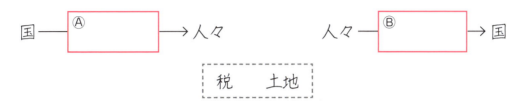

　　国 ─── [④] ─→ 人々　　　　人々 ─── [⑧] ─→ 国

```
┊   税    土地   ┊
```

(2) 下の表は、飛鳥時代の律令で定められた新しい税の制度を示したものです。それぞれの名前は何ですか。

① 稲の収穫高の３％を納める。　　　　　　　　（　　　　）

② 布や地方の特産物を納める。　　　　　　　　（　　　　）

③ 年に10日都で働くか、布を納める。　　　　（　　　　）

④ 九州や都を守る兵士になる。　　　　　　　　（　　　　）

```
┊   調    税   兵役    庸   土地    租  ┊
```

3 奈良時代について、正しい文２つに〇をつけましょう。

① （　　）　聖徳太子の力で天皇中心の政治が行われた。

② （　　）　シルクロードを通って、遠くペルシャの宝物まで日本にもたらされ、東大寺の正倉院に納められている。

③ （　　）　農民は重い税の負担で、苦しい生活をしていた。

④ （　　）　国中が豊かになり、結果、大仏がつくられた。

4 イメージマップ 平安時代

🗻 次のうすく書かれた言葉をなぞりましょう。

時代	年	主なできごと
平安時代 （へいあんじだい）	794	平安京（へいあんきょう）に都をうつす Ⓐ貴族（きぞく）による政治（せいじ）が行なわれる 藤原道長（ふじわらのみちなが） ・遣唐使（けんとうし）をとりやめにする →日本風の文化が発達する 　（国風文化（こくふう））
	1159	平氏（へいし）が源氏（げんじ）に勝つ Ⓑ武士（ぶし）による政治が行なわれる
	1167	平清盛（たいらのきよもり）が実権（じっけん）をにぎる
	1180	源頼朝（みなもとのよりとも）が兵をあげる
	1185	壇ノ浦（だんのうら）の戦（たたか）いで源氏が平氏に勝つ 源頼朝が実権をにぎる

Ⓐ 貴族（きぞく） による政治
_____

藤原道長

この世をば
わが世とぞ思う　望月（もちづき）の
かけたることも
なしと思へば

貴族の住む寝殿造（しんでんづくり）

→日本風の文化の発達
　・かな文字（ひらがな・カタカナ）

　源氏物語（げんじ ものがたり）　（紫式部（むらさきしきぶ））

　枕草子（まくらのそうし）　（清少納言（せいしょう な ごん））

　・けまり、和歌、
　　　十二単（じゅうに ひとえ）、大和絵（やまと え）

→武士（ぶ し）の登場

　・平氏（へいし）　と　源氏（げんじ）　が対立

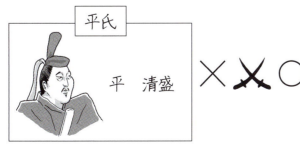

Ⓑ 武士（ぶ し） による政治
_____

武士のやかた

→平氏が実権をにぎる

平氏	源氏
平　清盛	源　頼朝
	源　義経（みなもとのよしつね）

× ○

→源氏が実権をにぎる

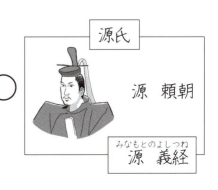

― 33 ―

貴族中心の政治とそのくらし

🗻 次の（ ）にあてはまる言葉を　:`____`:　から選んで答えましょう。

(1)　794年、都が奈良から（①　　　　　　　）に移されました。

Ⓐ

唐_{とう}の都にならって（②　　　　　　　）は建設され、（③　　　　　　　）時代とよばれるこの時代が、およそ（④　　　　　）年続きました。この時代の政治は、天皇_{てんのう}に代わって（⑤　　　　　　　）が行っていました。かれらは、大きな屋敷_{やしき}でくらし、ぜいたくな食事をとり、男性は束帯_{そくたい}、女性は（⑥　　　　　　　　）を着るなど、はなやかな貴族の文化を生み出しました。

Ⓑ
宮中での女性の正装_{せいそう}

(2)　図Ⓐの貴族のやかたを何造り_{なにづくり}の建物といいますか。（　　　　　　　）

(3)　貴族の仕事は何ですか。

宮廷_{きゅうてい}での（　　　　　　　）を行うこと

(4)　貴族の教養として男女ともに大事なことは何ですか。

（　　　　　　　）

> 十二単_{じゅうにひとえ}　貴族_{きぞく}　平安_{へいあん}　平安京　京都
> 400　和歌　年中行事　寝殿造_{しんでんづくり}

2 右の資料を見て、あとの問いに答えましょう。

(1) この和歌は、この時代のある貴族が詠んだものです。 その意味について、次の（ ）にあてはまる言葉を ⌐⌐⌐ から選んで答えましょう。

┌─ （現代語訳） ──────────────
　　この世は、すべて（①　　　　　）のためにあると思 う。あの（②　　　　　）のどこも欠けていないように、 私にできないことは（③　　　　　　）。
└──────────────────────

> この世をば　わが世とぞ思う　望月の
> かけたることも　なしと思えば

┌─ ─ ─ ─ ─ ─ ─ ─ ─ ─ ─ ─ ─ ─ ┐
　　太陽　　　何もない　　　わたし　　　天皇
　　満月　　　藤原道長
└ ─ ─ ─ ─ ─ ─ ─ ─ ─ ─ ─ ─ ─ ─ ┘

(2) この和歌をよんだ人の名前は何ですか。

（　　　　　　　　　　）

(3) (2)は、この貴族の時代に一番権力をもっていました。どのようにし て権力をもつようになったか、正しい文に○をつけましょう。

①　（　　）　天皇に土地や財宝などをたくさん寄付したから。

②　（　　）　娘を天皇の妻とし、その子どもを天皇の座につけたから。

③　（　　）　強い武力をもち、それを背景に天皇をおどしていたから。

(4) 右図のように、貴族たちがまりを けって競っていた遊びは何ですか。

（　　　　　　　　　）

ステップ

日本風の文化と武士の台頭

🗻 次の図を見て、（　）にあてはまる言葉を から選んで答えましょう。

平安時代は、朝廷や（①　　　　）のはなやかな文化が栄えました。また、奈良時代までの中国の影響を受けた文化から、（②　　　　）風の文化が誕生しました。国風文化といいます。

いろはに　ほ
以呂波仁　保
いろはに　ほ
アイウエオ
阿伊宇江於

その１つが文字です。それまでは男性が（③　　　　）を使う文化でしたが、その（③）をもとに（④　　　　）や（⑤　　　　）が発明され、主に女性文字として発達しました。この字を使ったすぐれた文学作品が生まれました。また、絵画でも（⑥　　　　）が盛んになり、貴族のくらしなどがえがかれました。

```
日本    貴族    ひらがな    漢字    かたかな    大和絵
```

🗻 この時代の二人の女流作家について、あとの問いに答えましょう。

(1)　主人公の光源氏を中心に貴族のくらしをえがいた作品は何ですか。また、作者はだれですか。

作品名（　　　　　　）

作者（　　　　　　）

(2)　宮廷のくらしや自然の変化を生き生きとえがいた随筆は何ですか。また、その作者も答えましょう。

作品名（　　　　　　）　　作者（　　　　　　）

```
源氏物語    枕草子    清少納言    紫式部
```

学びのディープポイント! 遣唐使をやめたことで日本風の文化が生まれたよ。源氏物語や枕草子をはじめとした、物語や随筆、詩集などから当時の生活様式なども知ることができたんだ。この時代に貴族や豪族、有力な農民などの中から武士が出てきたよ。

3 次の図を見て、（ ）にあてはまる言葉を▭から選んで答えましょう。

(1) 平安時代の後期になると、このようなやかたに住む人たちが力をつけました。何という身分の人ですか。

（　　　　　　）

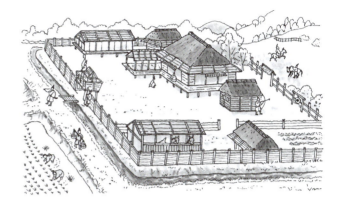

(2) この人たちの仕事は何ですか。

（①　　　　　）とともに田畑で働き、また（②　　　　　）の訓練をしていた。

> 貴族　　農民　　戦い　　武士（ぶし）

(3) 次の（ ）にあてはまる言葉を▭から選んで答えましょう。

(1)には二大勢力があり、平治（へいじ）の乱では（①　　　　　）が源氏（げんじ）を圧倒（あっとう）しました。さらに（①）の中心であった（②　　　　　）が太政大臣（だじょうだいじん）の位につき、貴族をもおさえて政治を行いました。しかし、その政治に対する不満を受けて、（③　　　　　）が立ち上がり、東国の武士たちもそれに続きました。やがて、1185年に壇ノ浦（だんのうら）の戦いで、（④　　　　　）らの活やくにより平氏（へいし）はほろぼされました。

> 源頼朝（みなもとのよりとも）　源義経（みなもとのよしつね）　平清盛（たいらのきよもり）　平氏

平安時代

1 右の絵を見て、後の問いに答えましょう。

① 794年、都が現在の京都に移りました。都の名前を答えましょう。

（　　　　　　　）

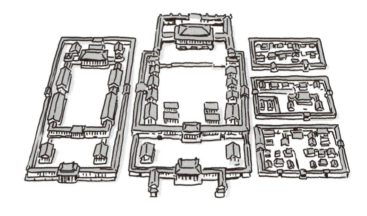

② この時代に活やくしたのは、どんな身分の人ですか。

（　　　　　　　）

③ ②の人たちがくらしていたやかたの名前は何ですか。

（　　　　　　　）

④ ②の中でも、特に権力をもっていたのは何氏ですか。

（　　　　　　　）氏

⑤ ④で最も権力をもっていたのは、だれですか。 （　　　　　　　）

2 貴族のくらしと文化について、正しい文3つに○をつけましょう。

① （　） 貴族は農民といっしょに働き、収入を得ていた。

② （　） 貴族の仕事は宮廷内のしきたりを守り、年中行事をすることだった。

③ （　） 貴族は大きな屋敷に住み、中国風のくらしをしていた。

④ （　） 貴族は教養として、和歌を詠むことが求められた。

⑤ （　） 漢字をもとにした「ひらがな」「かたかな」は主に女性が使い、有名な女流作家が登場した。

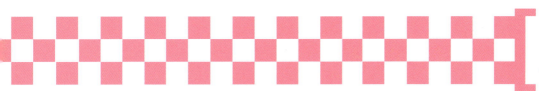

3 この時代の女流作家が書いた、「作品の内容」⑦、⑦を読んで、作品名と作者の名前を⸽⸽⸽から選んで答えましょう。

内容　⑦　宮廷（貴族）での生活や自然の変化と心の内を、随筆_{ずいひつ}として生き生きとえがいた。

⑦　光源氏を中心とした貴族のくらしや登場人物の心の動きを物語として細かくえがいた。

内容	作品名	作者名
⑦		
⑦		

「源氏物語_{げんじものがたり}」　「枕草子_{まくらのそうし}」　紫式部_{むらさきしきぶ}　清少納言_{せいしょうなごん}

4 この時代の終わりごろについて、（　）にあてはまる言葉を⸽⸽⸽から選んで答えましょう。

むすめを天皇の后_{きさき}として政治を思うままにした（①　　　）に対して不満を持つ（②　　　）たちは、（③　　　）と（④　　　）の二大勢力に分かれて戦いました。最初は（③）が（④）に勝ち、武士が政治をするようになりました。しかし、（③）の政治にも不満をもった東国の（②）をまとめた（⑤　　　）が立ち上がり、壇ノ浦_{だんのうら}の戦いで（⑥　　　）が活やくして平氏をほろぼしました。

武士　源義経_{みなもとのよしつね}　藤原氏_{ふじわらし}　平氏_{へいし}　源氏　源頼朝_{みなもとのよりとも}

⑤ イメージマップ➡ 鎌倉時代

🗻 次のうすく書かれた言葉をなぞりましょう。

時代	年	主なできごと
平安時代 （へいあんじだい）	1185	Ⓐ武士による独自の政治がはじまる 全国に 守護（しゅご）・地頭（じとう）を置く
鎌倉時代 （かまくらじだい）	1192	源 頼朝（みなもとのよりとも）が 征夷大将軍（せいいたいしょうぐん）になる 鎌倉幕府（かまくらばくふ）を開く 将軍と御家人（ごけにん）の強い結びつき ご恩（おん）と 奉公（ほうこう） Ⓑ北条氏の執権（しっけん）政治のはじまり
	1221	承久の乱（じょうきゅうのらん）
	1232	御成敗式目（ごせいばいしきもく）（武士のための法律）
	1268	北条時宗（ほうじょうときむね）が執権になる
	1274	元軍（げん）との戦い（１回目）
	1281	元軍との戦い（２回目） →ご恩と奉公の関係がくずれていく
	1338	足利氏（あしかがし）が鎌倉幕府をほろぼす

Ⓐ 武士による独自の政治

源頼朝

| 守護 |
主に軍事・警察の仕事

| 地頭 |
主に税の取り立ての仕事

↓

鎌倉幕府を開く

↓

しかし、源氏の将軍が三代で
絶える

↓

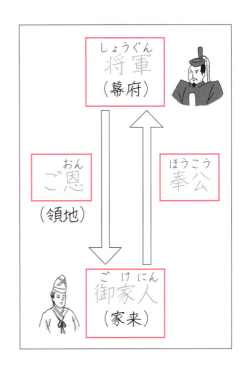

Ⓑ 北条氏の 執権（しっけん） 政治

執権の北条氏が政治を行う

→ 承久（じょうきゅう）の乱（らん）

| 朝廷 | ✕   ○ | 北条氏 |

北条政子（まさこ）

（頼朝の妻）

北条時宗

・元からの要求を
何度もはね返す

→元軍が二度せめてくる

武士中心の政治とご恩と奉公

 この時代についてあとの問いに答えましょう。

(1) 次の（　）にあてはまる言葉を ┆┈┈┆ から選んで答えましょう。

平氏と源氏の戦いは、1185年の壇ノ浦の戦いで（①　　　　）がほろび、（②　　　　）を中心とした武士による政治が始まりました。源氏の頭領である（③　　　　　　）は全国を支配するために、日本各地に（④　　　　）と（⑤　　　　）を置きました。そして、1192年には征夷大将軍の位につき、敵から守りやすい（⑥　　　　）に（⑦　　　　　）を開きました。

```
地頭    源氏    鎌倉幕府    源 頼朝

平氏    鎌倉    守護
```

(2) 1185年に全国に置かれた守護と地頭のそれぞれの仕事を、⑦〜①の中から選んで答えましょう。

守護 → ☐   地頭 → ☐

```
⑦畑を広げ、国を豊かにする仕事    ①財政の仕事
⑦軍事や警察の仕事              ①ねんぐを取り立てる仕事
```

学びのディープポイント！ 平氏をたおした源頼朝は、あえて東国の鎌倉に武士の政権である「幕府」をたてたよ。そして将軍となって、御家人をまとめるために「ご恩と奉公」という関係を作ることで、朝廷や貴族に負けない強い力をもつことができたんだ。

学習日

2 鎌倉幕府は幕府（将軍）と家来（全国の武士）との間に深い結びつきがありました。図を見て、あとの問いに答えましょう。

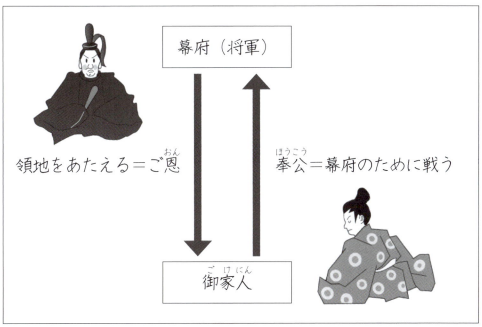

① 家来となる全国の武士を何とよびましたか。　　　　（　　　　　　　　）

② 将軍は幕府のために戦った①に何をあたえましたか。

　　　　　　　　　　　　　　　　　　　　　　　　（　　　　　　　　）

③ ①はだれのために戦いましたか。　　　　　　　　（　　　　　　　　）

④ ②と③のような結びつきを何とよびましたか。

　　　　　　　　　　　　　　（　　　　　　　）と（　　　　　　　）

⑤ 源氏の将軍が３代でとだえた後に頭領となったのは何氏ですか。
　　また、その役職は何ですか。

　　　　　　　　　　　　名前（　　　　　　　）役職（　　　　　　　）

元との戦いとほろびる幕府

🗻 下の図を見て、あとの問いに答えましょう。

(1) 次の（　）にあてはまる言葉を □ から選んで答えましょう。

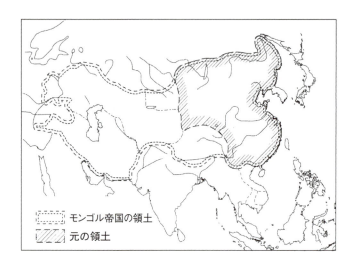

- モンゴル帝国の領土
- 元の領土

鎌倉時代、大陸ではモンゴル人が（①　　　　）から（②　　　　）にまたがる大帝国を築きました。

チンギス＝ハンの死後、いくつかの国に分かれましたが、東アジアに（③　　　　　）を皇帝とする（④　　　　）が建国されました。そして、近隣の（⑤　　　　）などの国々を征服し、ついに日本にも従うよう、使者を送ってきました。しかし、執権（⑥　　　　　）はその要求を何度もはねつけました。

> フビライ　　朝鮮　　北条時宗
>
> ヨーロッパ　　アジア　　元

(2) (1)の要求を何度もはねつけた結果どうなりましたか。正しい文に○をつけましょう。

⑦（　）　二度にわたって日本にせめてきた。

⑦（　）　日本は元の支配下に入ることを認めた。

学習日

学びのディープポイント! 元が２度にわたってせめてきたとき、御家人たちは幕府の命令にしたがって、勇ましく戦って元を追い返したよ。しかし、幕府からのご恩（ほうび）が少なかったので不満がたまって、それが幕府が倒れる原因となったんだ。

2 右の日本と元の戦いの図を見て、あとの問いに答えましょう。

(1) この図の右側、左側どちらが元の軍ですか。　（　　　　　）

(2) 元軍の戦い方であてはまる文に〇をつけましょう。

① （　　）集団で戦う。

② （　　）よろい、かぶとで身を固めている。

③ （　　）船からせめている。

④ （　　）火薬を用いている。

3 元との戦いは初めは苦戦の連続でした。その理由として正しい文２つに〇をつけましょう。

① （　　）元は集団でせめる戦法をとっていたから。

② （　　）元は"てつはう"という火薬の兵器を使っていたから。

③ （　　）元は船から"大砲"や"石飛ばし器"などを使ってきたから。

4 次の（　）にあてはまる言葉を から選んで答えましょう。

元軍と勇ましく戦い、二度も退けたのは（①　　　　）でした。しかし、（②　　　　）の印である領地はもらえず、かれらの不満は高まりました。その結果、（②）と（③　　　　）の関係がくずれ、1333年（④　　　　）は足利氏によってほろぼされました。

奉公　　鎌倉幕府　　御家人　　ご恩

鎌倉時代

■ 武士の政治の時代を表した年表を見て、（　）にあてはまる言葉を ┆_ _ _ _ ┆
から選んで答えましょう。

時代	年	主なできごと
平安時代	1167	（①　　　　　）が太政大臣になり、政治をにぎる
	1185	（②　　　　　）が壇ノ浦の戦いでほろびる
	1185	（③　　　　　）が全国に（④　　　　　）と（⑤　　　　　）という役人を置く
鎌倉時代	1192	（③）が鎌倉に幕府を開く。将軍と（⑥　　　　　）の間に（⑦　　　　　）と（⑧　　　　　）の関係ができる 源氏がほろび（⑨　　　　　）が権力をにぎる
	1274	（⑩　　　　　）がせめてきた。苦戦するが大あらしで退却していく
	1281	（⑩）が再びせめてきたが、またもや大あらしで退却していく （⑪　　　　　）がもらえず、戦った（⑥）の不満が高まる。
	1338	鎌倉幕府がほろびる

┌─────────────────────────────────┐
┆ 北条氏　　源頼朝　　平清盛　　元　　御家人 ┆
┆ 領地　奉公　守護　平氏　ご恩　地頭 ┆
└─────────────────────────────────┘

2 次の（ ）にあてはまる言葉を[ ]から選んで答えましょう。

源氏の将軍が３代でとだえると、朝廷が幕府をたおすために（① ）の乱をおこしました。そのとき、頼朝の妻の（② ）が御家人によびかけ反乱をおさえ、幕府はその後（③ ）の北条氏が政治を進め、武士を治める法律を整備しました。

> 北条政子　　守護　　執権　　承久　　平治

3 次の（ ）にあてはまる言葉を[ ]から選んで答えましょう。

(1) 元は従わない日本に軍を出しました。

このとき鎌倉幕府の政治を進めていたのはだれですか。また、その役職は何ですか。

名前（ ）

役職（ ）

(2) この戦いのとき、元の戦い方に幕府は苦戦しました。その戦い方に○をつけましょう。

㋐ （ ）騎馬を中心に、集団で戦う戦術を用いていた。

㋑ （ ）刀を使って、一対一の勝負をしてきた。

㋒ （ ）矢の先に火薬や毒などをつけていた。

(3) 元の軍と実際に戦ったのはだれですか。

全国から集まった（ ）

> 北条時宗　　御家人　　元　　執権

⑥ イメージマップ → 室町時代

🗻 次のうすく書かれた言葉をなぞりましょう。

時代	年	主なできごと
室町時代（むろまちじだい）	1338	足利尊氏（あしかがたかうじ）が征夷大将軍（せいいたいしょうぐん）になる 室町幕府（むろまちばくふ）を開く 全国の守護（しゅご）が 大名（だいみょう）となる
	1368	Ⓐ三代目 足利義満（あしかがよしみつ）
	1397	義満が 金閣（きんかく）を建てる
	1404	中国（明（みん））との貿易がはじまる 室町文化が花開く
	1449	Ⓑ八代目 足利義政（あしかがよしまさ） 茶の湯や生け花などが流行
	1467 〜 1477	Ⓒ 応仁の乱（おうにんのらん）
	1489	義政が 銀閣（ぎんかく）を建てる
	1573	織田信長（おだのぶなが）が室町幕府をほろぼす

Ⓐ　三代目　足利義満

室町文化

　金閣
　　├── 水墨画（雪舟）
　　│
　　├── 能・狂言
　　│　　（観阿弥・世阿弥）
　　│
　　├── 盆おどり
　　│
　　├── 茶の湯・生け花
　　│
　　└── おとぎ草紙
　　　　　（浦島太郎・一寸法師）

（京都・北山）

Ⓑ　八代目　足利義満

　銀閣

書院造　（東求堂など）

（京都・東山）

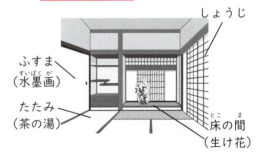

しょうじ

ふすま（水墨画）

たたみ（茶の湯）

床の間（生け花）

Ⓒ　応仁の乱　（1467年〜）

幕府内でのあとつぎ争いで幕府の力が弱まる
　→各地の大名が力をつけて、幕府の命令を聞かなくなった

室町幕府と金閣・銀閣

1 右の写真は京都にある寺です。（　）にあてはまる言葉を ┊┉┊から選んで答えましょう。

① この金ぱくのはられた建物の名前と、建てられた時代を答えましょう。

建物（　　　　　　　　　）

時代（　　　　　　　　　）

② この建物を建てた将軍はだれですか。

（　　　　　　　　　　　）

③ この建物がある地域の名前をとって、この地域を中心に栄えた文化の名前になりました。何とよばれていますか。

（　　　　　　　　文化）

④ この幕府を開いたのはだれですか。

（　　　　　　　　　　　）

> 室町時代　　北山　　足利尊氏　　金閣　　足利義満

2 **1**の②が、このごうかな建物を建てることができた理由として、正しい文に〇をつけましょう。

㋐ （　　）全国の土地のほとんどを治めていたから。

㋑ （　　）明（中国）との貿易で、ばく大な利益をあげていたから。

㋒ （　　）権力があり、家来にお金を出させていたから。

学びのディープポイント！ 3代目将軍の義満の時代に建てられた
金閣は中国(明)との貿易で利益を上げていたので、きらびやかなもの
だったよ。しかし、8代目の義政が質素な銀閣を建てたころには、あ
とつぎ問題で応仁の乱がおこり、急速に力を失ったころだったんだね。

学習日

3 右の写真も京都にある寺です。（　）にあてはまる言葉を から選ん
で答えましょう。

① この質素(しっそ)な建物の名前を答えましょう。

（　　　　　　　）

② この建物を建てた将軍はだれですか。

（　　　　　　　）

③ この建物がある地域はどこですか。　　　　（　　　　　　　　）

④ この建物の特ちょうは何ですか。　　　（　　　　　）風建築

```
銀閣(ぎんかく)　　東山　　足利義政(よしまさ)　　日本
```

4 次の（　）にあてはまる言葉を から選んで答えましょう。

　この建物が建てられたころには、幕府の力が弱体化していました。全
国各地の（①　　　　　）が将軍の命令を聞かなくなり、全国各地で
（②　　　　　）が絶えなくなっていました。

　1467年から10年以上もの間、幕府のある京都で全国の（①）が東西に
分かれて争う（③　　　　　　）がおこったことも弱体化の原因になりま
した。やがて、（①）が天下をねらう（④　　　　　　）になります。

```
応仁の乱(おうにんのらん)　　争い　　戦国時代　　大名(だいみょう)
```

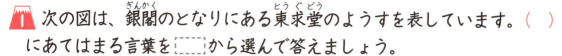

今に伝わる文化と人々のくらし

■1 次の図は、銀閣のとなりにある東求堂のようすを表しています。（　）にあてはまる言葉を⋯⋯⋯から選んで答えましょう。

(1)　この部屋は何といわれる建築様式ですか。

（　　　　　　）

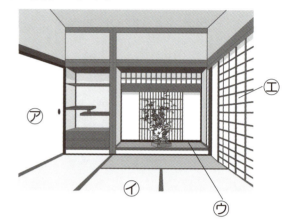

(2)　この部屋のつくりは、現在に受けつがれています。⑦～⑤の名前を答えましょう。

⑦（　　　　　）　⑦（　　　　　）　⑤（　　　　　）　⑤（　　　　　）

(3)　部屋のおくの⑤には花がかざられています。これもこの時代に始まった文化です。何という文化ですか。

（　　　　　　）

しょうじ　　ふすま　　床の間　　書院造　　たたみ　　生け花

■2 下の図は、この時代に盛んになり、今に伝えられている文化です。この名前を⋯⋯⋯から選んで答えましょう。

①

（　　　　　）

②

（　　　　　）

茶の湯

水墨画

学習日

学びのディープポイント！ この頃には書院造という建築物が生まれたんだ。現在の和室とにているね。また、茶の湯なども人気になり、武士の間にも広まるようになっていったんだ。生け花や能、狂言などもこの時代に栄えて現代に伝わっているよ。

3 次の（　）にあてはまる言葉を◻︎◻︎から選んで答えましょう。

　今でも寺のふすまや、かけ軸にえがかれている水墨画は、鎌倉（かまくら）時代に（①　　　　　　　）から伝わりました。そして、室町（むろまち）時代に（②　　　　　　　）が研究して、（③　　　　　　　）の様式を完成させました。

　また、貴族（きぞく）や武士の文化として盛んになった（④　　　　　　　）は、今でも伝統芸能として続いています。武士や貴族は世阿弥（ぜあみ）や観阿弥（かんあみ）の（⑤　　　　　　　）も楽しみ、今の文化につながっています。

> 僧（そう）　日本風　明（みん）（中国）　茶の湯　能（のう）や狂言（きょうげん）　雪舟（せっしゅう）

4 室町時代は、農業や人々のくらしに大きな変化がありました。図を見て、（　）にあてはまる言葉を◻︎◻︎から選んで答えましょう。

　農業が発達した時代です。田畑を耕すのに（①　　　　　　　）を使ったり、深く耕すための鉄製の（②　　　　　　　）が広がりました。また、草木を焼いた（③　　　　　　　）を肥料として使うことで収穫（しゅうかく）量を増やしました。

　こうした（④　　　　　　　）などの農作業を共同作業することで農村が形作られました。

> 灰（はい）　牛　田植え　くわ

—53—

室町時代

🗻 京都にある2つの建物を比べましょう。

(1) 表にあてはまる言葉を ⬚ から選んで記号で答えましょう。

Ⓐ

Ⓑ

	時 期	場 所	建てた人	建築様式	特ちょう
Ⓐ					
Ⓑ					

> ⑦ 室町時代の中ごろ　　　　⑦ 室町時代の初めごろ
>
> ⑦ 京都北山　　　　　　　　⑦ 京都東山
>
> ⑦ 足利義政　　　　　　　　⑦ 足利義満
>
> ⑦ 寝殿造と武家造（中国風）　⑦ 書院造
>
> ⑦ 落ち着きがあり質素　　　　⑦ 金ぱくがはられごうか

(2) 明（中国）との貿易などで貯えられた財力で建てられたのは、Ⓐと
Ⓑのどちらですか。　　　　　　　　　　　　（　　　　）

(3) 日本風の落ちついたふんいきの建物はどちらですか。（　　　　）

2 下の図は室町時代の文化を表しています。あとの問いに答えましょう。

(1) 絵とあてはまる名前を線で結びましょう。

Ⓐ　　　　　Ⓑ　　　　　Ⓒ　　　　　Ⓓ

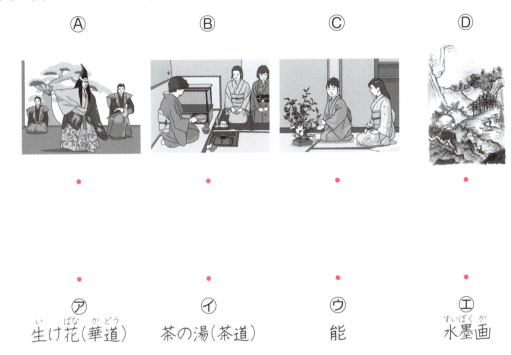

⑦　　　　　　　④　　　　　　　⑦　　　　　　　①
生け花(華道)　　茶の湯(茶道)　　　能　　　　　水墨画

(2) Ⓓをかいた画家で、明（中国）に留学して学び、日本的なスタイルの絵を確立した人はだれですか。

（　　　　　　　）

(3) この時代の文化は、今の生活習慣にもつながっています。次の文で正しい文2つに〇をつけましょう。

⑦（　）田植え歌、おどりやぼんおどり、秋祭りをみんなで楽しむ。

④（　）多くの田で稲かりの後、麦などを植える二毛作をする。

⑦（　）それまでは1日2食だったが、中食もいれて、1日3食が広まった。

7 イメージマップ➡ 安土桃山時代

🗻 次のうすく書かれた言葉をなぞりましょう。

時代	年	主なできごと
室町時代	1543	てっぽうでんらい 鉄砲伝来
	1549	キリスト教伝来
		Ⓐおだのぶなが 織田信長の天下統一への道
	1560	おけはざま　たたか 桶狭間の 戦 い
	1573	むろまちばくふ 室町幕府をほろぼす
安土桃山 あづちももやま 時代	1575	ながしの　たたか 長篠の 戦 い
	1576	安土城 を築く
	1582	ほんのうじ　へん 本能寺の変
		Ⓑとよとみひでよし 豊臣秀吉の天下統一への道
	1582	けんち 検地を始める
	1583	大阪城 を築く
	1588	かたながり 刀狩を始める
	1590	天下統一
	1592	ちょうせん 朝鮮に出兵する
	1598	秀吉が病死する
	1600	せきがはら　たたか 関ヶ原の 戦 い

Ⓐ 織田信長 の天下統一への道

楽市・楽座
（城下町を栄えさせた）

キリスト教の保護

鉄砲隊を組織

○ 桶狭間の戦い
大軍の今川義元を破る

↓

○ 長篠の戦い
鉄砲隊がかつやくする

↓

× 本能寺の変
明智光秀に敗れ自害する

Ⓑ 豊臣秀吉 の天下統一への道

検地
（田畑の面積などを調べ、
ねんぐを決めた）

刀狩
（農民から武器を取り上げ、
反抗できないようにした）

明智光秀をたおす

↓

○ 天下統一
全国の大名を従えた

↓

× 朝鮮出兵
大陸への進出に失敗する

↓

秀吉が病死
徳川家康が天下をとる

× 関ヶ原の戦い

戦国の世から天下統一

1 次の（　）にあてはまる言葉を ┆　┆ から選んで答えましょう。

（①　　　　　　　　）の終わりごろ、各地の
（②　　　　　　　　）は領地を広げる争いをくり広
げていました。尾張（愛知県）の大名だった
（③　　　　　　　　）は、桶狭間の戦いで
（④　　　　　　　　）を破り、勢力をのばしま
した。やがて京都に上って、（⑤　　　　　　　　）幕府をほろぼし、
（⑥　　　　　　　　）の世を終わらせるべく、（⑦　　　　　　　　）を目指した
のです。

```
織田信長    室町時代    今川義元    大名

天下統一    室町      戦国
```

2 下の絵を見て、あとの問いに答えましょう。

① この戦いの名前を答えましょう。
（　　　　　　　　）の戦い

② 戦った軍はどことどこですか。
左側（⑦　　　　　　　）・徳川連合軍
右側（⑦　　　　　　　）軍

③ この戦いで勝った方が大量に使った武器は何ですか。
（　　　　　　　　）

④ その武器はどこの国から伝わりましたか。　（　　　　　　　　）

```
関ヶ原    長篠    鉄砲    武田    織田    ポルトガル
```

学びのディープポイント！ 織田信長は尾張という小国の大名だったけど、桶狭間の戦いを皮切りに周囲の大名を倒していったんだ。周りの国や一向一揆に包囲されても戦いぬき、専属の兵士団をつくったり、鉄砲をたくさん増産するなど対策して勝ってきたよ。

3 右の絵を見て、あとの問いに答えましょう。

① 織田信長は京都に近く、琵琶湖（びわ）という水運にめぐまれた地に巨大（きょだい）な城を建てました。
この城の名前は何ですか。

（　　　　　　　）

② 城下に多くの商人や職人を集め、自由に仕事をすることを許しました。この制度を何といいますか。

（　　　　　　　）

③ ②で財政を豊かにし、鉄砲（てっぽう）を買いそろえました。そのために、大阪のある豊かな町を領地にしました。その町はどこですか。

（　　　　　　　）

④ 城下にはキリスト教の宣教師（せんきょうし）がおり、教えを広める建物もありました。それは何という建物ですか。

（　　　　　　　）や学校

⑤ 1549年に来日し、九州を中心にキリスト教の教えを広める活動をした宣教師はだれですか。

（　　　　　　　）

フランシスコ・ザビエル　　　教会　　　安土城（あづちじょう）　　　楽市楽座（らくいちらくざ）　　　堺（さかい）

---

4 次の文で、織田信長に関係がある文2つに○をつけましょう。

㋐（　　）足利（あしかが）幕府を助け、朝廷（ちょうてい）を大切にして、京都を守った。

㋑（　　）大量の鉄砲を持ち、専門の鉄砲隊を組織して戦った。

㋒（　　）部下の明智光秀（あけちみつひで）の反乱（はんらん）にあって、本能寺（ほんのうじ）でなくなった。

天下統一から朝鮮出兵

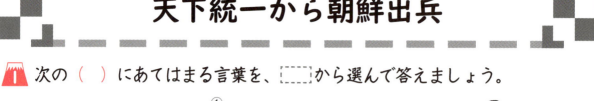

1 次の（　）にあてはまる言葉を、[____]から選んで答えましょう。

天下統一を目前にして（①　　　　　）は家臣の
（②　　　　　）の反乱（はんらん）によって、京都の本能寺（ほんのうじ）で
なくなりました。

（①）の家来だった（③　　　　　）は（②）を
打ち破ると、全国の大名（だいみょう）をおさえて天下統一をなしとげました。

（③）は（④　　　　　）を築いて政治を行い、京都（桃山（ももやま））にもごう
かな城を建てました。全国の大名が天下統一を目指したこの時代を（①）
と（③）のゆかりの地名をとって、（⑤　　　　　）時代とよんでいます。

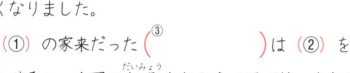

> 大阪城　　織田信長（お だ のぶなが）　　豊臣秀吉（とよとみひでよし）　　明智光秀（あけ ち みつひで）　　安土桃山（あ づちももやま）

2 次の図は豊臣秀吉が行った1つ目の政策（せいさく）です。（　）にあてはまる言葉
を[____]から選んで答えましょう。

(1) 右の絵は、何を表していますか。

（　　　　　　　）

(2) 田の中の役人は何をしていますか。

田の（　　　　　）を測っている。

(3) (2)をするのはなぜですか。

全国の田を調べ、（　　　　　）を確実に
とるため。

> ねんぐ　　面積　　検地（けん ち）　　刀狩（かたながり）

学びのディープポイント！ 豊臣秀吉は尾張の農民の子で、とても貧しかったんだ。そこから信長の家来になって、ぞうりを着物の胸の中で温めていた話は有名だね。秀吉は信長の夢であった天下統一を果たしたけど、幕府を開くまでにはいたらなかったよ。

3 次の図は豊臣秀吉が行った2つ目の政策です。あとの問いに答えましょう。

(1) 図の中で、刀を差し出しているのはだれですか。また、それを命令し、見張っているのはだれですか。□□□から言葉を選んで答えましょう。

① 差し出している人々 →（　　　　　）

② 命令している人々 →（　　　　　）

(2) この政策を何といいますか。

（　　　　　）

┌─────────────────────┐
　武士　　農民　　検地　　刀狩
└─────────────────────┘

(3) この政策のねらいは何ですか。正しい文2つに○をつけましょう。

㋐（　　）武士と農民の身分をはっきりさせるため。

㋑（　　）武器をとかして、農具に作りかえ、農民に配るため。

㋒（　　）武士に反こうできないようにするため。

4 秀吉は天下統一後、中国（明）の支配をねらって大軍を送りました。あとの問いに答えましょう。

(1) ㋐と㋑どちらの国に出兵しましたか。またその名前は何ですか。

〔　　　　〕,（　　　　　　）

日本

琉球

(2) この戦の結果はどうなりましたか。正しい文に○をつけましょう。

㋐（　　）秀吉はその国を征服した。

㋑（　　）失敗して、退きゃくした。

安土桃山時代

室町時代から安土桃山時代の年表にあてはまる言葉を □ から選んで答えましょう。

時代	年	主なできごと
室町時代	1543	ポルトガル人が（　①　）を伝える
	1549	（　②　）がキリスト教を伝える
	1560	（　③　）の戦いで今川義元を破る
	1573	室町幕府をほろぼす
安土桃山時代	1576	琵琶湖のほとりに（　④　）を築く
	1582	本能寺で（　⑤　）におそれれて自害する
		（Ⓐ）に代わって、（Ⓑ）が天下統一にのりだす
		田畑を調べ、ねんぐを決めるために（　⑥　）を始める
	1583	（　⑦　）を築く
	1588	一揆をおさえるために（　⑧　）を始める
	1590	天下統一
	1592	中国（明）を征服するために（　⑨　）に出兵する
	1598	病気でなくなる
	1600	関ヶ原の戦いで徳川家康が勝利する

Ⓐ（　　）

Ⓑ（　　）

朝鮮　　織田信長　　豊臣秀吉　　明智光秀　　桶狭間　　大阪城
安土城　　鉄砲　　フランシスコ・ザビエル　　検地　　刀狩

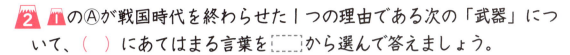

2 ■のⒶが戦国時代を終わらせた１つの理由である次の「武器」について、（　）にあてはまる言葉を⌐ ¬から選んで答えましょう。

(1)　この兵士が持っている武器は何ですか。

（　　　　　　　）

(2)　(1)を特に有効に使って、天下統一を目指した大名_{だいみょう}はだれですか。

（　　　　　　　）

(3)　1575年に(2)が鉄砲隊を中心に、戦国時代最強といわれた武田軍を破った戦いの名前を答えましょう。

（　　　　　　　）の戦い

(4)　(2)はこの武器の技術や材料を独占_{どくせん}するために、大阪にある港町を領地としました。その町はどこですか。

（　　　　　　　）

> 鉄砲　　織田信長　　長篠_{ながしの}　　堺_{さかい}　　桶狭間_{おけはざま}

3 次のことがらと関係ある人物を線で結びましょう。

・⑦　「検地」「刀狩」で身分制度を強めた。

Ⓐ　織田信長・

・⑦　「朝鮮出兵」に失敗し、国内が混乱_{こんらん}した。

・⑨　楽市楽座_{らくいちらくざ}を認_{みと}め、商業を盛_{さか}んにした。

Ⓑ　豊臣秀吉・

・⑦　キリスト教を通じて、貿易を進めた。

⑧ イメージマップ 江戸時代（前半）

次のうすく書かれた言葉をなぞりましょう。

時代	年	主なできごと
安土桃山時代 （あづちももやま）	1600	関ヶ原の戦い（せきがはら たたかい）
江戸時代（えど）	1603	徳川家康（とくがわいえやす）が征夷大将軍（せいいたいしょうぐん）になる 江戸幕府（えどばくふ）を開く Ⓐ大名と農民・町民への支配 ・大名配置 ・おふれ書き、五人組制度 Ⓑキリスト教の取りしまりと鎖国（さこく）
	1612	キリスト教を禁止する
	1615	武家諸法度（ぶけしょはっと）を定める
	1623	徳川家光（とくがわいえみつ）が三代将軍になる
	1635	参勤交代（さんきんこうたい）の制度を加える
	1637	島原（しまばら）・天草一揆（あまくさいっき）がおこる
	1641	鎖国（さこく）の完成 （オランダ、中国のみと貿易）

Ⓐ 大名と農民・町民への支配

☆ 大名の配置

👤 親藩（しんぱん）（将軍の親族）・ 譜代（ふだい）（昔から家来の大名）

👤 外様（とざま） （新しく家来になった大名）

□ 御三家（ごさんけ）（尾張・紀伊・水戸の徳川氏）
◻ 幕府が直接治めた主な場所

伊達（仙台）
佐渡
前田（金沢）
日光
徳川（水戸）
毛利（萩）
京都
大阪
江戸
黒田（福岡）
細川（熊本）
徳川（名古屋）
長崎
島津（鹿児島）
徳川（和歌山）

0　　　　300km

👤100万石以上 👤50～99万石 👤20～49万石

☆ 参勤交代（大名行列）

・大名に領地（りょうち）と江戸を往復
させてお金を使わせた。

☆ 身分制度

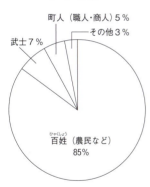

町人（職人・商人）5％
その他3％
武士7％
百姓（ひゃくしょう）（農民など）85％

☆ おふれ書き

> 一　朝早く起きて草をかり、
> 昼は田畑を耕し、夜はなわ
> をない、俵（たわら）を編み、油断な
> く仕事にはげむこと。

☆ 五人組

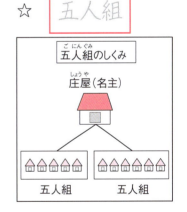

五人組（ごにんぐみ）のしくみ

庄屋（しょうや）（名主）

🏠🏠🏠🏠🏠 五人組　🏠🏠🏠🏠🏠 五人組

Ⓑ キリスト教の取りしまりと鎖国

☆ 鎖国と貿易

・キリスト教を広めない
オランダと中国のみに
貿易を認めた

・貿易は出島（長崎）のみ

☆ ふみ絵…キリストの絵
をふむかどう
かで信者を見
つけた

拡大すると

江戸幕府の政治と大名への支配

🗻 **江戸幕府について、あとの問いに答えましょう。**

(1) 次の（　）にあてはまる言葉を ⌐｀｀¬ から選んで答えましょう。

1600年の（①　　　　　　）の戦いに勝った（②　　　　　　）は、
1603年に征夷大将軍になり、（③　　　　　　）に幕府を開きました。こ
こから264年続く時代を（④　　　　　　）といいます。

幕府は政治の安定を図るために、大名を取りしま
るための法律（⑤　　　　　　）を考えました。

（②）は幕府の安定をはかる政策を次々に実行しました。その１つ
が（⑥　　　　　　）の配置です。将軍がいる（③）を守るために親類の
大名や古くから家来である大名を江戸の近くや京都、（⑦　　　　　　）
などの重要な都市に配置しました。また、三代目将軍の徳川家光は大
名の力をおさえるための（⑧　　　　　　）という決まりをつくりま
した。

```
徳川家康    江戸    関ヶ原    武家諸法度
江戸時代    大名    大阪    参勤交代
```

(2) 家康は家来の大名を３つに分け
ました。それぞれの名前を答えま
しょう。

　㋐（　　　　）……新しく家来に
　　　　　　　　　　なった大名

　㋑（　　　　）……将軍の親類の
　　　　　　　　　　大名

　㋒（　　　　）……昔からの家来
　　　　　　　　　　だった大名

〈大名の配置〉

親藩・譜代
外様
御三家（尾張・紀伊・水戸の徳川氏）
幕府が直接治めた主な場所

伊達（仙台）
前田（金沢）
徳川（水戸）
佐渡
日光
毛利（萩）
黒田（福岡）
京都
大阪
徳川（名古屋）
江戸
長崎
細川（熊本）
徳川（和歌山）
島津（鹿児島）

0　　　300km

100万石以上　50〜99万石　20〜49万石

学習日

2 下の絵を見て、あとの問いに答えましょう。

(1) 上の絵は参勤交代の何を表していますか。　　（　　　　　　　）

(2) 絵の説明として、正しい文3つに○をつけましょう。

　⑦　（　　）　幕府の命令により大名は1年おきに領地と江戸を往復する。

　⑦　（　　）　外国との戦いのために戦場へ行く。

　⑦　（　　）　多くの費用がかかり、大名の財政は苦しかった。

　⑦　（　　）　大名の妻と子どもは人質として江戸に住まわせた。

(3) また、(1)を決まりとして定めた将軍はだれですか。

　　　　　　　　　　　　　　　　　　　　　　　　（　　　　　　　）

(4) この制度のねらいは何ですか。（　）にあてはまる言葉を「　」から選んで答えましょう。

　　各地の大名が①（　　　　　）に反抗しないように、大名行列に多額の②（　　　　　）を使わせ、富をたくわえさせないようにした。

```
幕府　　天皇　　お金　　時間
```

― 67 ―

農民・町民への支配と人々のくらし

1 右のグラフは江戸時代の身分の割合です。次の文はどの身分の説明か答えましょう。

① 主に町に住み、生活に必要なものを作ったり、売ったりしていた。　（　　　　）

② 世の中を支える食料（米が中心）を生産していた。　（　　　　）

③ 最も高い身分で、（②）が生産する米で生活して名字を名乗り、刀を持つ特権があった。　（　　　　）

④ 最も人口が多いのは、どの身分ですか。　（　　　　）

⑤ 江戸時代に世の中を支配していたのはどの身分ですか。　（　　　　）

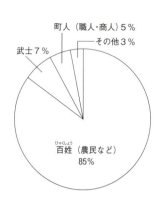

町人（職人・商人）5％
その他3％
武士7％
百姓（農民など）85％

2 次の（　）にあてはまる言葉を□□から選んで答えましょう。

幕府は「おふれ書き」で、（①　　　）に対して（②　　　）や衣食住まで規制しました。

また、（③　　　）の制度を作り、（④　　　）を納めることや犯罪の責任などを（⑤　　　）としました。

五人組　仕事　ねんぐ
共同責任　百姓　町人

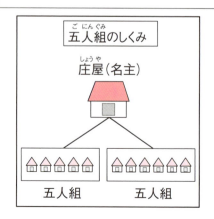

一　朝早く起きて草をかり、昼は田畑を耕し、夜はなわをない、俵を編み、油断なく仕事にはげむこと。

五人組のしくみ
庄屋（名主）
五人組　五人組

学びのディープポイント！ 江戸時代には身分をはっきりと分け、武士の地位を高めたよ。百姓には「おふれ書き」を出し、生活の仕方まで決めて、米などをつくらせたんだ。新しい農具も作られ、江戸時代中期には田の面積が２倍になっていたよ。

学習日

3 江戸時代の農具の工夫について、表にあてはまる図や文を記号で答えましょう。

⑦

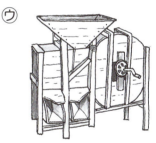
⑦

農具の名前	使い方	図
千歯こき（せんば）		
備中ぐわ（びっちゅう）		
とうみ		

① 先が分かれていて、深く耕せる。

② 風の力でもみがらについた不純物（ふじゅんぶつ）を取り除く（のぞ）。

③ 短時間にたくさんの量のだっこくができる。

4 次の（　）にあてはまる言葉を ┈┈ から選んで答えましょう。

〈耕地面積の増加〉

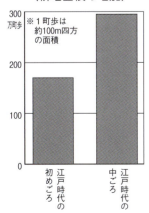

300万町歩
※１町歩は約100m四方の面積
200
100
0
江戸時代の初めごろ
江戸時代の中ごろ

江戸時代の中ごろには、田の面積は約（①　　　）倍になりました。それは藩（はん）、町人、農民が（②　　　）を増やすために（③　　　）を進めたことにあります。生産が増えると、米は（④　　　）に集められ、そこから街道（かいどう）や船で（⑤　　　）に送りました。

┈┈┈┈┈┈┈┈┈┈┈┈┈┈┈┈┈┈┈┈┈┈┈
新田開発（しんでん）　　生産量　　２　　大阪　　江戸
┈┈┈┈┈┈┈┈┈┈┈┈┈┈┈┈┈┈┈┈┈┈┈

鎖国とキリスト教の禁止

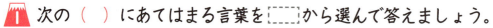

🗻 次の（　）にあてはまる言葉を░░░から選んで答えましょう。

(1) 幕府は最初、大名や（① 　　　　　　　）に朱印状という許可をあたえ、

外国との貿易を進めました。

主に（② 　　　　　　　）との貿易が盛んになり、各地に日本人町がで

きました。

貿易が盛んになるにつれて、（③ 　　　　　　　）の活動も活発になり、

幕府は（④ 　　　　　　　）の広がりをおそれ、（④）を禁止しました。

それとともに3代将軍（⑤ 　　　　　　　）は外国との行き来を禁止しま

した。それが（⑥ 　　　　　　　）です。

(2) 右の絵は(1)の④の信者を見分けるためのものです。
これの名前は何ですか。

（　　　　　　　　）

(3) (1)の④の信者たちを中心に、九州で大規模な一揆が
おこりました。何という一揆ですか。

（　　　　　　　　）一揆

(4) (3)の以後、キリスト教の布教をしていた国との交流が制限されまし
た。その国を2つ答えましょう。

（　　　　　　　）（　　　　　　　　）

| 東南アジア　　商人　　鎖国　　キリスト教　　徳川家光 |
| 宣教師　　島原・天草　　ふみ絵　　ポルトガル　　スペイン |

学びのディープポイント！ 鎖国は、貿易のまどロを出島（長崎県）に限る政策だけど、その他の国と貿易ができた藩もあったよ。対馬藩（長崎県）は朝鮮と、薩摩藩（鹿児島県）は琉球王国（沖縄県）を通じて中国と、松前藩（北海道）はアイヌの人々と交易をしていたんだ。

2 右の絵を見て、あてはまる言葉を ⬚ から選んで答えましょう。

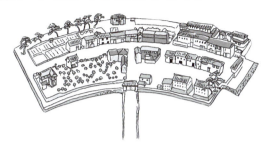

(1) 出島は世界の窓口になっていた所です。どこにありましたか。

（　　　　　　）

(2) 出島（人工島）は幕府の何という方針によって、築かれましたか。

（　　　　　　）

(3) (2)によって、貿易は2カ国に制限されました。その国はどことどこですか。

（　　　　　）,（　　　　　）

```
オランダ　　スペイン　　鎖国（さこく）　　清（中国）（しん）　　長崎
```

3 貿易が制限されていた時代でも、藩（はん）を通じて交流があった国がありました。あとの問いに答えましょう。

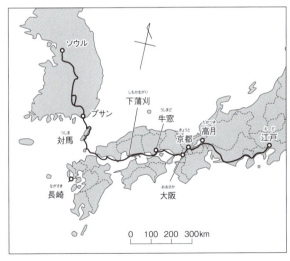

(1) なぜ **2** の(3)のようになったのですか。下の文で正しい文に○をつけましょう。

　㋐（　　）日本で高く売れる物を輸入できるから。

　㋑（　　）キリスト教の布教（広めること）をしないから。

(2) 対馬藩（つしま）（長崎県）を通じて貿易が行われ、徳川の将軍が代わると、使節を送ってきました。この使節を何といいますか。

（　　　　　　　　　）

江戸時代（前半）

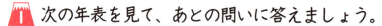

🗻 次の年表を見て、あとの問いに答えましょう。

時代	年	主なできごと
安土桃山時代 （あづちももやま）	1600	関ヶ原の戦いで （せきがはら） （ あ　　　　　　 ）が勝利する
江戸時代 （えど）	1603	（あ）が江戸幕府を開く （えどばくふ） ・Ⓐ　大名配置を行う
	1615	・Ⓑ（　　　　　　　　）を制定する
	1635	3代目将軍（ い　　　　　　）が （Ⓑ）に　Ⓒ（　　　　　　　　）を加える

(1) 表にあてはまる言葉を⌐‥⌐から選んで答えましょう。

┌───┐
徳川家光（とくがわいえみつ）　徳川家康（とくがわいえやす）　武家諸法度（ぶけしょはっと）　御成敗式目（ごせいばいしきもく）　参勤交代（さんきんこうたい）
└───┘

(2) 表のⒶについて次の図を見て答えましょう。

関ヶ原の戦い以後に徳川家に従った（ ① 　　　　　）大名が（ ② 　　　　　）をおこさないように、全国の要所に徳川家の親類の（ ③ 　　　　　）大名をおき、（ ④ 　　　　　）の近くには古くからの家来である（ ⑤ 　　　　　）大名を配置しました。

〈大名の配置〉

親藩・譜代（しんぱん・ふだい）
外様（とざま）
御三家（尾張・紀伊・水戸の徳川氏）（ごさんけ）
幕府が直接治めた主な場所

伊達（仙台）　佐渡　前田（金沢）　日光　徳川（水戸）　毛利（萩）　黒田（福岡）　京都　大阪　徳川（名古屋）　江戸　長崎　細川（熊本）　徳川（和歌山）　島津（鹿児島）

100万石以上　50〜99万石　20〜49万石

0　　300km

(3) 次の資料は、表の⑧のきまりについて記した文です。あとから加えられた⓪のことについて書いているのは⑥〜⑤のどれですか。

〔 　 〕

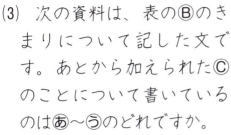

⑥ 城を修理するときは、届け出なければならない

⓪ 大名は、勝手に結婚してはならない

⑤ 大名は領地と江戸に交代で住み、毎年4月に江戸に参勤すること（妻子は江戸にすむ）

(4) なぜ（⓪）の内容を加えたのですか。（ ）にあてはまる言葉を から選んで答えましょう。

各地の大名の力を（①　　　　）ことを目的に、領地と（②　　　　）を往復させてたくさんの（③　　　　）をかけさせた。また、妻と子が（②）にいることで（④　　　　）となり、反乱を防ぐねらいがあった。

費用　　弱める　　人質　　江戸

2 江戸時代の身分制度について、⑦〜⑨の身分と、（ ）にあてはまる言葉を から選んで答えましょう。

町人（職人・商人）5％
その他3％
武士7％
百姓（農民など）85％

⑦ 〔　　　〕…政治を行い、（　　　　）や苗字の名のりなどの特権をもつ

⑦ 〔　　　〕…村に住み、米を生産し、（　　　　）を納める

⑨ 〔　　　〕…城下町に住み、さまざまな手工業や（　　　　）を営む

ねんぐ　　商業　　帯刀

江戸時代（前半）

1 百姓には、おふれ書きを出して仕事も生活も厳しく制限していました。

(1) （　）にあてはまる言葉を ┈┈ から選んで答えましょう。

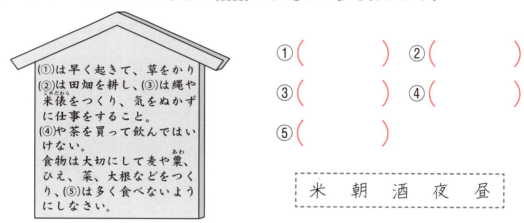

（①）は早く起きて、草をかり（②）は田畑を耕し、（③）は縄や米俵をつくり、気をぬかずに仕事をすること。
（④）や茶を買って飲んではいけない。
食物は大切にして麦や粟、ひえ、菜、大根などをつくり、（⑤）は多く食べないようにしなさい。

① （　　　　　）　② （　　　　　）

③ （　　　　　）　④ （　　　　　）

⑤ （　　　　　）

```
米　朝　酒　夜　昼
```

(2) 百姓からねんぐを確実にとるためにつくった制度で、正しいものに
〇をつけましょう。

㋐ （　　　）強制的に鉱山で働かせる　　㋑ （　　　）戦いに参加させる

㋒ （　　　）五人組による連帯責任をおわせる

2 1637年に九州で一揆がおこりました。あてはまる言葉を ┈┈ から選んで答えましょう。

(1) この一揆の名前とリーダーの名前を答えましょう。

（　　　　　　　　　　　）一揆

人名（　　　　　　　　　）

(2) (1)は何に反対して立ち上がりましたか。

㋐ きびしい（　　　　　　　）の取り立て

㋑ （　　　　　　　）の取りしまり

```
西郷隆盛　　天草四郎　　島原・天草　　ねんぐ　　キリスト教
```

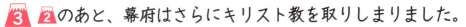

3 **2** のあと、幕府はさらにキリスト教を取りしまりました。

(1) この絵は、何をふませていますか。

（　　　　　　）

(2) なぜ、キリスト教をおそれたのですか。

信者が団結し、（　　　　　　）の命令
に 従_{したが} わなくなるから。

(3) また、外国との行き来や貿易を制限し
ました。この政策を何といいますか。

（　　　　　　）

拡大すると

ふみ絵　　幕府_{ばくふ}　　大名　　鎖国_{さこく}

---

4 次の場所は、**3** 以後の貿易のきょ点となった出島です。

(1) 出島はどこにありますか。（　）
に○をつけましょう。

① （　　）京都　　② （　　）大阪

③ （　　）江戸　　④ （　　）長崎

(2) キリスト教を広めるおそれのない２つの国として、出島で貿易を許
された国に○をつけましょう。

① （　　）スペイン　　② （　　）中国　　③ （　　）オランダ

(3) (2)以外に各藩が交流していた国・地域を線で結びましょう。

① 薩摩藩_{さつまはん}（鹿児島県）・　　　・⑦ 朝鮮_{ちょうせん}（朝鮮通信使）

② 対馬藩_{つしま}（長崎県）・　　　・⑦ 蝦夷地_{えぞち}

③ 松前藩_{まつまえ}（北海道）・　　　・⑦ 琉球王国_{りゅうきゅうおうこく}

⑨ イメージマップ 江戸時代（後半）

🗻 次のうすく書かれた言葉をなぞりましょう。

時代	年	主なできごと
江戸時代（えどじだい）	17世紀	町人文化 が発展して広がりをみせる
	18世紀	国学 や 蘭学（らんがく） などが盛んになる
		Ⓐ人々の高まる不満
	1833	天保（てんぽう）の大ききん（〜1839） 百姓一揆（ひゃくしょういっき）・打ちこわしがおきる
	1837	大塩平八郎（おおしおへいはちろう）の乱 Ⓑ黒船来航（くろふねらいこう）
	1853	ペリーが浦賀（うらが）に来航
	1854	日米和親条約（にちべいわしんじょうやく）　（開国）
	1858	日米修好通商条約（にちべいしゅうこうつうしょうじょうやく） ・関税自主権（かんぜいじしゅけん）がない ・治外法権（ちがいほうけん）（領事裁判権（りょうじさいばんけん））を認める Ⓒ倒幕運動（とうばくうんどう）
	1866	薩長同盟（さっちょうどうめい）
	1867	大政奉還（たいせいほうかん）（徳川慶喜（とくがわよしのぶ））

Ⓐ　人々の高まる不満

・大ききん
・物の値段の上昇
・打ちこわし
・百姓一揆
・大塩平八郎の乱

Ⓑ　黒船来航

日米和親条約

日米修好通商条約
・治外法権を認める
　（領事裁判権）
・関税自主権がない

ペリー

Ⓒ　倒幕運動

薩長同盟

薩摩藩

さいごうたかもり
西郷隆盛

おおくぼとしみち
大久保利通

長州藩

きどたかよし
木戸孝允

さかもとりょうま
坂本龍馬

幕府の支配がゆらぐ

徳川慶喜

大政奉還

町人文化と新しい学問

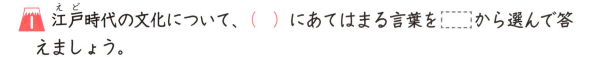

🗻 江戸時代の文化について、（　）にあてはまる言葉を ⦂‥⦂ から選んで答えましょう。

(1)　江戸時代も半（なか）ばになると、（　①　）の

力が武士をしのぐようになり、江戸と大阪で

は「（①）文化」が発展（はってん）しました。

　　大阪（上方）（かみがた）では、（　②　）

が、歌舞伎（かぶき）や（　③　）の脚本（きゃくほん）

を書き、（①）の生活や気持ちをえがいて、

大人気となりました。

(2)　江戸では、（　①　）の版画が広まりました。

　　歌舞伎役者の絵や風景画が人

気で、「東海道五十三次」（とうかいどうごじゅうさんつぎ）をえ

がいた（　②　）

や、「富嶽三十六景」（ふがくさんじゅうろっけい）をえがい

た葛飾北斎（かつしかほくさい）は、特に有名です。

```
うたがわひろしげ        ちかまつもんざえもん        うきよえ            にんぎょうじょうるり
歌川広重      近松門左衛門      浮世絵      町人      人形浄瑠璃
```

🗻 江戸と大阪について、関係するものを線で結びましょう。

①　江　戸　　　・
　（政治の中心地）

　　　　　　　　　　　・⑦　天下の台所

②　大　阪　　　・
　（商業の中心地）

　　　　　　　　　　　・⑦　将軍（しょうぐん）のおひざもと

学びのディープポイント! 江戸時代中期には、武士にお金を貸し、武士以上の力をえていた町人もいたんだ。その中で学問や医学が発達したり、オランダから発電機なども伝わっていたよ。この頃の江戸の人口は一説には100万人をこえていて、世界でも有数の都市になったんだ。

3 江戸時代の後半、国学と新しい学問の蘭学（らんがく）が広がりました。□には2つのどちらかを答え、（　）には└┄┄┘からあてはまる言葉を選んで答えましょう。

(1) ┌──────────┐ ……日本人古来の考え方について研究する学問。

（　　　　　　　　）

「古事記伝（こじきでん）」を著した。

(2) ┌──────────┐ ……西洋のすぐれた科学や技術を、オランダ語を通じて学ぶ学問。（オランダ＝阿[蘭]陀）

① 医学（　　　　　　　　）・前野良沢（まえのりょうたく）

「（　　　　　　　　）」を訳（やく）した。

② 天文学（　　　　　　　　）

精密（せいみつ）な日本地図を作り上げた。

┌─────────────────────────────────────┐
│ 杉田玄白（すぎたげんぱく）　本居宣長（もとおりのりなが）　伊能忠敬（いのうただたか）　解体新書（かいたいしんしょ） │
└─────────────────────────────────────┘

4 次の絵は子どもたちの学びの場です。□にこの場の名前を答え、（　）に学んでいることを答えましょう。

┌──────────┐

「読み・書き・（　　　　　　　　）

黒船来航と開国

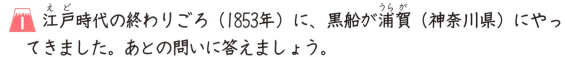

🗻 江戸(えど)時代の終わりごろ（1853年）に、黒船が浦賀(うらが)（神奈川県）にやってきました。あとの問いに答えましょう。

(1) この黒船は、どの国から来ましたか。┈┈から選んで答えましょう。

（　　　　　）

┈┈┈┈┈┈┈┈┈┈┈┈┈┈┈┈┈
イギリス　ロシア　アメリカ
┈┈┈┈┈┈┈┈┈┈┈┈┈┈┈┈┈

(2) (1)の司令官はだれですか。┈┈から選んで答えましょう。

（　　　　　）

┈┈┈┈┈┈┈┈┈┈┈┈┈┈┈┈┈
ザビエル　ペリー　ワシントン
┈┈┈┈┈┈┈┈┈┈┈┈┈┈┈┈┈

(3) (1)は、何を求めてやってきましたか。正しい文2つに○をつけましょう。

　⑦　（　　）　(1)の国の船に食料や水、石炭をあたえること。

　⑦　（　　）　日本と戦争を始めることを伝えに来た。

　⑦　（　　）　(1)と貿易を始めること。

(4) 1854年に再び来航した(1)の強い態度におされた幕府(ばくふ)は、条約を結びました。条約の名前を┈┈から選んで□に答え、開港地は地図から選んで（　）に答えましょう。

新潟

函館(はこだて)

兵庫(こうべ)（神戸）

長崎

神奈川(よこはま)（横浜）

下田(しもだ)

┃　　　　　　　　　　　　┃

（　　　　）（　　　　）

┈┈┈┈┈┈┈┈┈┈┈┈┈┈┈┈┈┈┈┈┈
日米和親条約(にちべいわしんじょうやく)　日米修好通商条約(にちべいしゅうこうつうしょうじょうやく)
┈┈┈┈┈┈┈┈┈┈┈┈┈┈┈┈┈┈┈┈┈

<u>学びのディープポイント！</u> 江戸時代末期には、アメリカからペリーがやってきて開国を求めたよ。この時代に結んだ不平等な条約がのちの明治時代のできごとにもつながっているんだね。このことで朝廷や一部の大名からの反感もかってしまったんだ。

2 1858年に、🗻(1)の国と結んだ条約について、あとの問いに答えましょう。

(1) 条約名と開港地を答えましょう。開港地は、🗻(4)の図から選びましょう。

条約名		
開港地		

(2) この条約は、日本にとって不平等なものでした。（　）にあてはまる言葉を└┄┄┘から選んで答えましょう。

① （　　　　　　　　　）を認める…日本で罪をおかした外国人を日本の（　　　　　）で裁けないこと。

② （　　　　　　　　　）がない……輸入品に自由に（　　　　）をかけることができないこと。

┌┄┄┄┄┄┄┄┄┄┄┄┄┄┄┄┄┄┄┄┄┄┄┄┄┄┄┄┄┄┄┄┄┄┄┄┄┐
関税自主権（かんぜいじしゅけん）　治外法権（ちがいほうけん）（領事裁判権（りょうじさいばんけん））　　税　　法律（ほうりつ）
└┄┄┄┄┄┄┄┄┄┄┄┄┄┄┄┄┄┄┄┄┄┄┄┄┄┄┄┄┄┄┄┄┄┄┄┄┘

3 開国して外国と貿易が始まると、国内ではどのようなことがおこりましたか。次の文で正しい文に〇をつけましょう。

㋐ （　　） 開国されると、品物が大量に入ってきて生活が豊かになった。

㋑ （　　） 外国と貿易が始まると、国内の品物が不足した。

㋒ （　　） 幕府は、これによって大きな利益を上げ、支配力が強まった。

ステップ

たおれる幕府と大政奉還

 次の文を読んで、あとの問いに答えましょう。

> 百姓たちは㋐農作物が十分に実らないでうえたり、米の値段が上がったりして苦しみました。さらに開国して貿易が始まると品不足がおこり、物の値段も上がりました。そこで㋑百姓一揆や打ちこわしを各地で起こし、㋒世直しを求めました。
>
> すると武士の中から、㋓幕府をたおして（ A ）中心の国家をつくろうとする運動がおこりました。

〈一揆と打ちこわしの件数グラフ〉

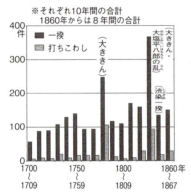

〈幕末の米の値段の移り変わり〉

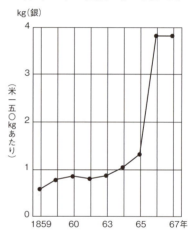

(1) 下線㋐のことを何といいますか。　（　　　　　　　）

(2) 米の値段は、1859年にくらべて、1867年は約何倍になりましたか。

　　　　　　　　　　　　　　　　　約（　　　　　）倍

(3) 下線㋑の2つは、町と農村のどちらでおこりましたか。

　　　　　　　　　町（　　　　　）　農村（　　　　　　　）

(4) 下線㋒で、大阪の貧しい人々を助けようと兵を上げた、元幕府の役人はだれですか。　（　　　　　　　）

学びのディープポイント！ 江戸時代末期には、薩摩藩と長州藩が手を組んで幕府を倒す動きが出たんだ。この2つの藩は元々仲が悪いことで有名だったけど、天皇中心の国家をつくるという志のもと同盟を結んだよ。これで約700年間続いた武士の世が終わったんだ。

学習日

(5) 下線①の A は、だれを中心にする国家ですか。（　　　　　　　）

(6) 下線①の中心になった人物名を図の（　）に、藩の名前を □ に
□ から選んで答えましょう。

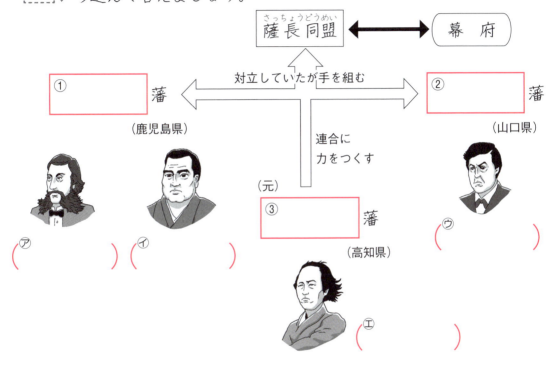

```
┌──────────────┐        ┌──────────┐
│  薩長同盟    │◀━━━━━▶│  幕 府   │
│さっちょうどうめい│        └──────────┘
└──────────────┘
```

対立していたが手を組む

① □□□□ 藩 　　　　　　② □□□□ 藩
（鹿児島県）　　　　　　　　　　（山口県）

連合に
力をつくす

（元）
③ □□□□ 藩
（高知県）

（ア　　　　　　）（イ　　　　　　）

（ウ　　　　　　）

（エ　　　　　　）

```
┌─────────────────────────────────────────────────┐
│ さかもとりょうま  さいごうたかもり  きどたかよし   │
│ 坂本龍馬  西郷隆盛  木戸孝允                       │
│ おおくぼとしみち  ちょうしゅう  どさ  さつま      │
│ 大久保利通  長州  土佐  薩摩                       │
└─────────────────────────────────────────────────┘
```

2 1 の運動で、幕府はこれ以上政治を続けることができないと、政権を朝廷に返しました。（　）にあてはまる言葉を □ から選んで答えましょう。

(1) このことを何といいますか。　　　　　（　　　　　　　）

(2) このときの将軍は、だれですか。　　　（　　　　　　　）

```
┌─────────────────────────────────────────────────┐
│ とくがわよしむね  とくがわよしのぶ  たいかかいしん │
│ 徳川吉宗  徳川慶喜  大化の改新  大政奉還           │
└─────────────────────────────────────────────────┘
```

江戸時代（後半）

1 上方と江戸で文化が盛んになりました。資料を見て、あてはまる言葉を □ から選んで表を完成させましょう。

	上方（京都・大阪）の町人	江戸の町人
資料		
文化	①	②
作家	③	④
代表作	⑤	⑥

人形浄瑠璃　　浮世絵

歌川広重　　近松門左衛門

東海道五十三次　　曽根崎心中

2 右の絵は、百姓や町人の子どもたちが学ぶところです。何といいますか。

（　　　　　　）

3 次の人物や絵について、あとの問いに答えましょう。

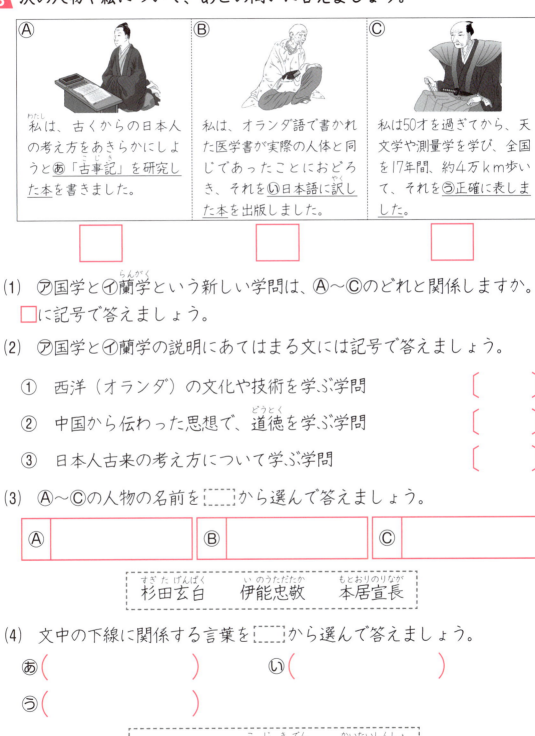

Ⓐ 私は、古くからの日本人の考え方をあきらかにしようとⓐ「古事記」を研究した本を書きました。

Ⓑ 私は、オランダ語で書かれた医学書が実際の人体と同じであったことにおどろき、それをⓘ日本語に訳した本を出版しました。

Ⓒ 私は50才を過ぎてから、天文学や測量学を学び、全国を17年間、約4万km歩いて、それをⓤ正確に表しました。

(1) ⑦国学と①蘭学という新しい学問は、Ⓐ〜Ⓒのどれと関係しますか。□に記号で答えましょう。

(2) ⑦国学と①蘭学の説明にあてはまる文には記号で答えましょう。

①　西洋（オランダ）の文化や技術を学ぶ学問　〔　　　〕

②　中国から伝わった思想で、道徳を学ぶ学問　〔　　　〕

③　日本人古来の考え方について学ぶ学問　〔　　　〕

(3) Ⓐ〜Ⓒの人物の名前を［　　］から選んで答えましょう。

Ⓐ		Ⓑ		Ⓒ	

杉田玄白　　伊能忠敬　　本居宣長

(4) 文中の下線に関係する言葉を［　　］から選んで答えましょう。

ⓐ（　　　　　　　）　　ⓘ（　　　　　　　）

ⓤ（　　　　　　　）

日本地図　　古事記伝　　解体新書

江戸時代（後半）

 次の年表を見て、あとの問いに答えましょう。

時代	年	主なできごと
江戸時代（えど）	1833	天保（てんぽう）の大ききん（〜1839） 百 姓一揆（ひゃくしょういっき）・（ⓐ　　　　　　）がおきる
	1837	（ⓐ　　　　　　　）の乱（らん） 幕府（ばくふ）の力が弱まるきっかけとなる
	1853	（ⓘ　　　　　）が浦賀（うらが）に来航（らいこう）
	1854	日米和親 条 約（にちべいわしんじょうやく）を結ぶ
	1858	（Ⓑ　　　　　　　　）条約を締結 （Ⓒ　　　　　　）がない 　…輸入品に自由に税をかけられない （Ⓓ　　　　　　　　）を認（みと）める 　…外国人を日本の法律（ほうりつ）で裁（さば）けない。
	1866	（Ⓔ　　　　　）同盟（どうめい）を結ぶ _____ 倒幕運動（とうばくうんどう）
	1867	（ⓤ　　　　　）が政権（せいけん）を 朝 廷（ちょうてい）に返す

(1) ⓐ〜ⓤには人物名を、Ⓐ〜Ⓔには言葉を ┄┄ から選んで答えましょう。

┄┄┄┄┄┄┄┄┄┄┄┄┄┄┄┄┄┄┄┄┄┄┄┄┄┄┄┄┄┄┄┄┄┄┄┄┄┄
徳川慶喜（とくがわよしのぶ）　ペリー　┊　薩長（さっちょう）　打ちこわし　日米修好通商（にちべいしゅうこうつうしょう）
大塩平八郎（おおしおへいはちろう）　　　　　　┊　関税自主権（かんぜいじしゅけん）　治外法権（ちがいほうけん）（領事裁判権（りょうじさいばんけん））
┄┄┄┄┄┄┄┄┄┄┄┄┄┄┄┄┄┄┄┄┄┄┄┄┄┄┄┄┄┄┄┄┄┄┄┄┄┄

(2) 開国後の人々のくらしについて、正しい文に○をつけましょう。

〈幕末の米の値段の移り変わり〉

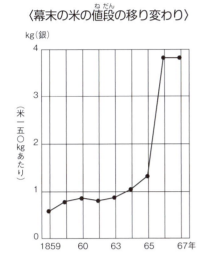

① （　）　輸入品が多くなって、生活が豊かになった。

② （　）　幕府は、輸入品で大きな利益を上げ、支配力が強くなった。

③ （　）　品物の値段が上がって、百姓の生活が苦しくなった。

(3) 年表の⑤について、次の問いに答えましょう。

① 図中の □ にあてはまる人物を ⌐ ⌐ から選んで記号で答えましょう。

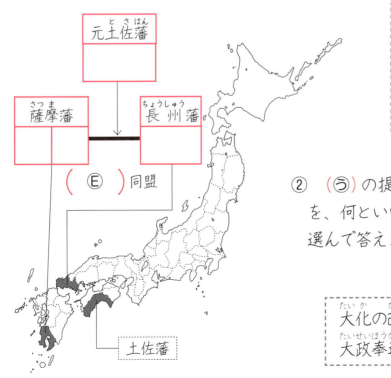

⑦　大久保利通
⑦　木戸孝允
⑦　坂本龍馬
⑦　西郷隆盛

② （う）の提案から行ったことを、何といいますか。⌐ ⌐ から選んで答えましょう。

（　　　　　）

大化の改新　　参勤交代
大政奉還

明治時代（前半）

次のうすく書かれた言葉をなぞりましょう。

時代	年	主なできごと
江戸時代	1867	とくがわよしのぶ 徳川慶喜　たいせいほうかん 大政奉還
明治時代		Ⓐ明治政府の新政治（めいじ いしん 明治維新）
	1868	ご じょう ご せいもん 五か条の御誓文
	1869	はんせきほうかん 版籍奉還
	1871	はいはん ち けん 廃藩置県
	1872	しょくさんこうぎょう 殖産興業　学校制度　ふ こくきょうへい 富国強兵
	1873	ちょうへいれい 徴兵令　ち そ かいせい 地租改正
	1874	じ ゆうみんけんうんどう 自由民権運動 がおきる
	1877	せいなんせんそう 西南戦争 （さいごうたかもり 西郷隆盛）
		自由民権運動がさかんになる
	1881	国会開設を約束する
		Ⓑ 天皇中心 の憲法と議会
	1889	だい に ほんていこくけんぽう 大日本帝国憲法 の発布
	1890	第一回ていこく ぎ かい帝国議会が開かれる

Ⓐ　明治政府の新政治

明治維新

五か条の御誓文　明治政府が行う政治の基本方針

版籍奉還
大名の治めていた土地と人を天皇に返させた

廃藩置県
藩を廃止して県を置き、役人を任命した

四民平等
江戸時代の身分制度を廃止して平等とした

富国強兵

殖産興業
・国が工場をつくる（富岡製糸場）

学校制度
・すべての国民に教育を受けさせる

徴兵令
・20才以上の男子は軍隊に入る

地租改正
・税は現金で納める

文明開化

生活が欧米風に
・郵便制度
・鉄道
・学問
・牛肉、パンなど
・レンガ造の家など

Ⓑ　天皇中心の憲法と議会

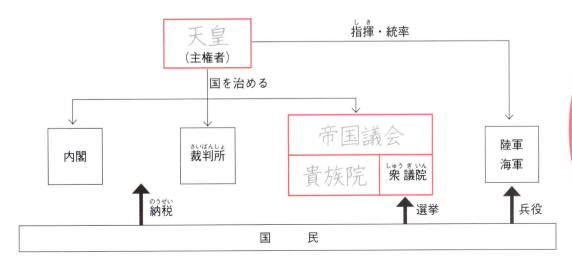

天皇
（主権者）

指揮（しき）・統率

国を治める

内閣

裁判所（さいばんしょ）

帝国議会
貴族院　衆議院（しゅうぎいん）

陸軍
海軍

納税（のうぜい）　選挙　兵役

国　　民

明治維新と富国強兵

 次の資料を見て、（　）にあてはまる言葉を［＿＿＿］から選んで答えましょう。

一、政治は広く会議を開いて、多くの人々が意見を出し合って決めよう。

一、Ⓐ国民が心を一つにして、新政策（せいさく）を盛（さか）んに行おう。

一、役人も人々も、自分の願いを実現しよう。

一、昔からの習わしをやめて、道理に合うやり方をしよう。

一、新しい知識を世界から学び、天皇（てんのう）中心の国を盛んにしよう。

(1) 新しい政府は、だれを中心の国にしようとしていますか。
（　　　　　　）

(2) 左の資料は、(1)が出したものです。これを何といいますか。
（　　　　　　）

(3) 新しい政府の中心になった藩（はん）はどことどこですか。
㋐（　　　　　）藩（西郷隆盛（さいごうたかもり））
㋑（　　　　　）藩（木戸孝允（きどたかよし））

(4) (1)の政治をするためにしたことは何ですか。
① 大名（だいみょう）が、今まで治めていた領地と領民を天皇に返すこと。
（　　　　　　　　）

② 藩を廃止（はいし）して、新たに県を置き、政府が認（みと）めた知事を県に派遣（はけん）すること。
（　　　　　　　　）

(5) このような新しい世の中の基そを固めていくために進められた、この時代の政治や社会の改革（かいかく）を何といいますか。（　　　　　　　　）

長州（ちょうしゅう）　薩摩（さつま）　明治維新（めいじいしん）　廃藩置県（はいはんちけん）
天皇　版籍奉還（はんせきほうかん）　五か条の御誓文（ごせいもん）

2 新しい政府は、欧米に負けないために、「富国強兵」の政策を進めました。（　）にあてはまる言葉や数字を ┈┈ から選んで答えましょう。

① （　　　　　　　　）…産業を盛んにするために、（　　　　　　）製糸場や兵器をつくる官営工場をつくる。

② （　　　　　　　　）…強力な軍隊をつくるために、（　　　）才以上の男子は、3年間の入隊を義務づける。

③ （　　　　　　　　）…税を米で納めるねんぐから、土地の値段の（　　　）％を（　　　　　　）で納める方法。

④ （　　　　　　　　）…すべての子どもたちに教育を受けさせる。

```
殖産興業     徴兵令     地租改正

学校制度   富岡   3   20   現金
```

3 次のグラフは、新しい時代の身分を表しています。（　）にあてはまる言葉を ┈┈ から選んで答えましょう。

〈明治時代の身分〉

㋑（元武士）4.5%　—僧など 0.9%

㋐ 94.6%

(1) 天皇のもとに国民が心を一つにできるように、江戸時代の身分制度をやめて、すべての人が平等とされました。これを何といいますか。

（　　　　　　　　　）

(2) ㋐と㋑の身分を答えましょう。

㋐（　　　　　　　）　㋑（　　　　　　　）

(3) 百姓や町人からも差別されていた人々も、㋐の身分とする法律を何といいますか。

（　　　　　　　　　）

```
解放令     四民平等     士族     平民
```

文明開化

🔺 次の絵は、新しい時代を表しています。（ ）にあてはまる言葉を▢▢▢
から選んで答えましょう。

©郵政博物館所蔵

西洋風のかみ形

(1) ㋐～㋔は、何を表していますか。

乗り物　㋐（　　　　　　　）　㋑（　　　　　　　）

灯　り　㋒（　　　　　　　）

服　装　㋓　ズボンやドレスの（　　　　　　　）

建　物　㋔（　　　　　　　）の洋館

┌──────────────────────────────┐
│　ガス灯　　洋服　　人力車　　レンガ造り　　馬車　│
└──────────────────────────────┘

(2) 食生活や暦も変わってきました。

① 食べ物　（　　　　　　）、（　　　　　　）

② 暦　　　（　　　　　）暦…１週間が（　　　　　）で、日曜日が休日。

(3) このように西洋の制度や生活の仕方を取り入れていったことを何と
いいますか。　　　　　　　　　　　　　　　（　　　　　　　）

┌──────────────────────────────┐
│　太陽　　パン　　文明開化　　７日　　牛なべ　│
└──────────────────────────────┘

学びのディープポイント！ 江戸時代の鎖国がおわり、西洋の文化を取り入れていった時代だね。武士という身分がなくなり、士族となった武士はちょんまげを切りおとしたんだ。この時代に江戸は東京という名前に変わったよ。

2 明治(めいじ)時代は、情報や交通手段(しゅだん)、学校制度も発展(はってん)しました。（　）にあてはまる言葉を [____] から選んで答えましょう。

(1) 情報手段

通信手段……飛(ひ)きゃく ⇒ （①　　　　　　　）制度を取り入れる。

出版手段……かわら版(ばん) ⇒ （②　　　　　　　）

本 ⇒ （③　　　　　　　）

「学問のすすめ」

(2) 交通手段

交通の近代化 ⇒ （①　　　　　　）の整備

新橋(しんばし)（東京）と（②　　　　　　）間が開通

「大量に（③　　　　　　）や物が運べる。」

(3) 学校制度

寺子屋 ⇒ （　　　　　　）の建設

（小学校…４年間の義務教育）

| 学校 | 鉄道 | 郵便(ゆうびん) | 横浜(よこはま) | 新聞 | 福沢諭吉(ふくざわゆきち) | 人 |

自由民権運動と大日本帝国憲法

🧱 国会が開設されるまでについて、（　）にあてはまる言葉を 〔　〕 から選んで答えましょう。

①【西南】戦争（1877年）

（　　　　　　　　　　）ら士族の反乱

②【　　　　　　　　　　】運動

（　　　　　　　　）

「国民の意見による政治をするべき」と
国会の開設と憲法の制定を要求。

©国立国会図書館

③【国会開設を約束】（1881年）

（　　　　　　　　）

天皇中心の国づくりのため、（　　　　　）
をモデルに憲法づくりを進める。

④【政党づくり】

　⑦（　　　　　　　）党　［板垣退助］

　⑦（　　　　　　　）党　［大隈重信］

©国立国会図書館

⑤【憲法の発布】

⑥【国会開設】

┌─────────────────────────┐
伊藤博文　　板垣退助　　西郷隆盛　　ドイツ

自由民権　　自由　　立憲改進
└─────────────────────────┘

2 この時代に定められた憲法について、あとの問いに答えましょう。

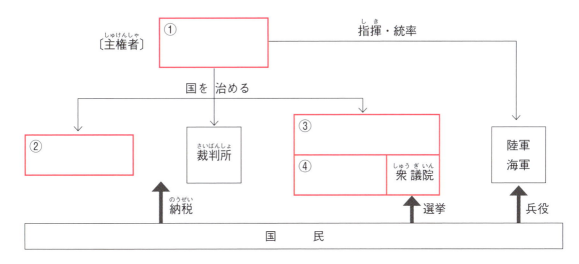

(1) この制度を定めた憲法は何ですか。　（　　　　　　　　）憲法

(2) 図の①～④にあてはまる言葉を ⬚ から選んで答えましょう。

> 参議院（さんぎいん）　貴族院（きぞくいん）　内閣（ないかく）　帝国議会（ていこくぎかい）　天皇

(3) 上の図や憲法の条文を見て、正しい文2つに○をつけましょう。

(1) 憲法

第1条	日本は永久に続く同じ家系（かけい）の天皇が治める。
第3条	天皇は神のように尊（とうと）いものである。
第5条	天皇は議会の協力で法律（ほうりつ）をつくる。
第11条	天皇は陸海軍を統率する。

① （　）　主権は、国民にあった。

② （　）　天皇は軍隊を率い、法律をつくることができた。

③ （　）　軍隊はもたない。戦争もしない。

④ （　）　天皇は、神のように尊い。

⑤ （　）　選挙は、国民全員ができた。

明治時代（前半）

 次の年表を見て、あとの問いに答えましょう。

時代	年	主なできごと
（Ⓐ　　　　　）時代	1867	（あ　　　　　　　　　）が大政奉還をおこなう
（Ⓑ　　　　　）時代	1868	明治天皇が（い　　　　　　　）を出す
	1871	藩をやめて県を置く
	1872	㋐　群馬県に富岡製糸場をつくる
		㋑　すべての国民に教育を受けさせる
	1873	㋒　20才以上の男子は軍隊に入る
		㋓　税は、現金で納める　　　　　　　　　Ⓒ
	1874	（う　　　　　　）運動がおきる
	1877	（え　　　　　　）戦争がおこる
		（う）がふたたび盛んになる
	1881	（お　　　　　）開設を約束
	1889	（か　　　　　）憲法が発布
	1890	第一回（き　　　　　　）が開かれる

(1)　ⒶとⒷの時代名を年表に答えましょう。

(2)　年表の（　）にあてはまる言葉を┌┄┐から選んで答えましょう。

> 自由民権　　大日本帝国　　徳川慶喜　　西南
>
> 帝国議会　　五か条の御誓文　　国会

(3) Ⓐと Ⓑの時代で変わったことを（　）に答えましょう。

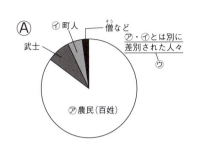

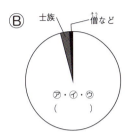

① 身分　　身分で差をつけない（　　　　　　）とした。

　　　　　　⑦百姓・⑦町人・⑦差別されていた人々は（　　　　　　）。

② 生活　　かわら版⇒（　　　　）　　飛きゃく⇒（　　　　　）制度

(4) 年表の⑦～⑦は、強い国をつくるためにすすめた政策Ⓒです。
あてはまる言葉を ⌐ ̄ ̄ ̄ ̄¬ から選んで答えましょう。

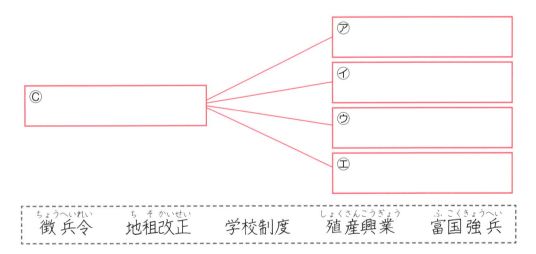

```
徴兵令　　地租改正　　学校制度　　殖産興業　　富国強兵
ちょうへいれい　ち そ かいせい　　　　　　　しょくさんこうぎょう　ふ こくきょうへい
```

(5) 年表の⑤、⑥、⑥に関係する人物を ⌐ ̄ ̄ ̄ ̄¬ から選んで答えましょう。

⑤（　　　　　　　　）　　⑥（　　　　　　　　）

⑥（　　　　　　　　）

```
伊藤博文　　西郷隆盛　　板垣退助
いとうひろぶみ　さいごうたかもり　いたがきたいすけ
```

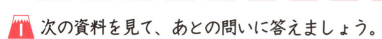

明治時代（前半）

🗻 次の資料を見て、あとの問いに答えましょう。

資料Ⓐ

```
一、政治は広く会議を開い
　　て、多くの人々が意見
　　を出し合って決めよう。
一、ⓐ国民が心を一つにし
　　て、新政策(せいさく)を盛(さか)んに行
　　おう。
一、新しい知識を世界から
　　学び、（　ア　）中心の国
　　を盛(さか)んにしよう。
```

資料Ⓑ

```
第1条　日本は永久に続く同
　　　　じ家系(かけい)の（　ア　）が
　　　　治める。
第3条　天皇は（　イ　）のよ
　　　　うに尊(とうと)いものである。
第5条　天皇は（　ウ　）の協
　　　　力で法律(ほうりつ)をつくる。
第11条　天皇は（　エ　）を統
　　　　率する。
```

(1)　資料Ⓐとは、大日本帝国憲法(だいにっぽんていこくけんぽう)と五か条の御誓文(ごせいもん)のどちらの内容ですか。記号で答えましょう。

大日本帝国憲法 [　]　　　五か条の御誓文 [　]

(2)　下線ⓐは、版籍奉還、廃藩置県、四民平等(しみんびょうどう)のどれと関係していますか。

[　|　|　|　]

(3)　アにあてはまる言葉を答えましょう。　　　　　　　（　　　　　）

(4)　資料Ⓑのイ～エにあてはまる言葉を ⌐ ⌐ から選んで答えましょう。

イ（　　　　　）　ウ（　　　　　）　エ（　　　　　）

```
陸海軍　　神　　　議会
```

2 次の図は、**1**の資料Ⓐにもとづいて開かれた帝国議会のようすを表しています。あとの問いに答えましょう。

(1) 議会は、貴族院と衆議院で構成されていました。選挙で選ばれていたのは、どちらですか。

（　　　　　　　）

(2) 選挙ができるのは、次のような人たちです。（　）にあてはまる言葉や数字を ⌐ ¬ から選んで答えましょう。

（①　　　　　）才以上の（②　　　　　）で、一定額以上の（③　　　　　）を納めている人に限られていました。
（④　　　　　）には選挙権がありませんでした。

```
女子    男子    20    税金    25
```

3 次の人物と関係の深いことがらを線で結びましょう。

① 福沢諭吉　・　　　・ ㋐ 薩長同盟の結成に力を貸した。

② 坂本龍馬　・　　　・ ㋑ 「学問のすすめ」を書いた。

③ 伊藤博文　・　　　・ ㋒ 士族とともに戦争をおこした。

④ 板垣退助　・　　　・ ㋓ 国会開設を要求した。

⑤ 西郷隆盛　・　　　・ ㋔ ドイツの憲法を参考にした憲法づくり。

明治時代（後半）・大正時代

 次のうすく書かれた言葉をなぞりましょう。

時代	年	主なできごと
明治時代 （めいじじだい）		Ⓐ 戦争 と 不平等条約（ふびょうどうじょうやく） 改正（かいせい）
	1886	ノルマントン号事件
	1889	（大日本帝国憲法）
	1894	治外法権（ちがいほうけん）（領事裁判権（りょうじさいばんけん））の廃止（はいし）（イギリス）
		日清戦争（にっしんせんそう）（〜1895）
	1901	官営八幡製鉄所（やはたせいてつしょ）
	1902	日英同盟（にちえいどうめい）
	1904	日露戦争（にちろせんそう）（〜1905）東郷平八郎（とうごうへいはちろう）
	1910	韓国併合（かんこくへいごう）
	1911	関税自主権（かんぜいじしゅけん）の回復（かいふく）
大正時代 （たいしょうじだい）		Ⓑ民主主義運動（みんしゅしゅぎうんどう）（大正（たいしょう）デモクラシー）
	1914	第一次世界大戦（だいいちじせかいたいせん）
	1923	関東大震災（かんとうだいしんさい）
	1925	普通選挙法（ふつうせんきょほう）
		治安維持法（ちあんいじほう）

Ⓐ 戦争 と 不平等条約 改正

〈不平等条約改正〉　　〈戦争・事件〉　　〈産業と公害〉

大日本帝国憲法発布
（だいにほんていこくけんぽうはっぷ）
（日本の近代化）

↓

治外法権の廃止
（領事裁判権）

（陸奥宗光）
（むつむねみつ）

↓

日英同盟

↓

関税自主権の
回復

（小村寿太郎）
（こむらじゅたろう）

ノルマントン号
事件

（乗客の日本人が全員
死んでしまう）

↓

日清戦争

↓

日露戦争

↓

韓国併合

↓

第一次世界大戦

全国に工場
（紡績業 と 製糸業）
（ぼうせきぎょう　せいしぎょう）

↓

公害がおきる

（工場や鉱山などから出る
けむりや排水が原因）
（はいすい）

↓

八幡製鉄所 が

できる

↓

産業や医学の発展が
諸外国に認められる

↓

国際的地位の向上

Ⓑ 民主主義運動（大正デモクラシー）

平塚らいてう
（ひらつか）（ちょう）

全国水平社
（ぜんこくすいへいしゃ）

（差別をなくす活動）

➡

普通選挙法 が制定

（25才以上の男子が対象）

⇕ しかし

治安維持法も制定

日清戦争・日露戦争

🔺 次の絵を見て、（　）にあてはまる言葉を ⬚ から選んで答えましょう。

(1)　この絵は、1894年に起きた戦争の直前を表しています。何戦争ですか。

（　　　　　　　　　）戦争

(2)　魚つりをしている人物㋐・㋑と、つられようとしている魚㋒が表す
　　国名を答えましょう。

㋐（　　　　　　　）　㋑（　　　　　　　）　㋒（　　　　　　　）

(3)　(1)の戦争に勝った日本が得たものは何ですか。

①　領土……台湾と（Ⓐ　　　　　　　　　）半島

②　（　　　　　　　）の賠償金

(4)　中国東北部（満州）に勢力をのばそうと、橋の上から様子を見ている
　　㋤は、日本にⒶを中国（清）に返せと要求しました。どこの国ですか。

（　　　　　　　　）

┌───┐
│　ロシア　　中国（清）　　日本　　朝鮮　　多額　　日清　　リャオトン │
└───┘

学びのディープポイント！ 日本は日清戦争で得た賠償金で北九州に八幡製鉄所をつくり、さらに軍事力をつけていったんだ。日露戦争では、最終的に有利な条件で講和条約を結べたけど、多くのぎせいをはらい、国民の不満を高まらせてしまったよ。

🔥 **2** 次の図を見て、あとの問いに答えましょう。

ロシア

清（満州）

リャオトン(遼東)半島
(日清戦争で得たがのちに清に返す)

リャオトン(遼東)
半島南部
(日露戦争後一定期間
日本が治める権利を得る)

樺太
(サハリン)

千島列島
(1875年)

朝鮮半島

日本

沖縄
(1879年)

台湾

■ 日清戦争前の領土
▒ 日清戦争後にゆずり受ける(1895年)
≡ 日露戦争後にゆずり受ける(1905年)

※朝鮮は、1897年に大韓帝国(韓国)に改名

(1) 🔥 ■(4)のことから対立が深まっていき、1904年におきた戦争は何戦争ですか。

(　　　　　　　　)戦争

(2) 戦場となったところはどこですか。

(　　　　)(　　　　)

(3) (1)の戦争は、どの地域を支配しようとしておこったのですか。

(　　　　　　　　　)

(4) 日本海の海戦で、日本艦隊の指揮をとった人は、だれですか。

(　　　　　　　　　)

満州　　韓国　　東郷平八郎　　中国(清)　　日露

(5) この戦争の結果はどうなりましたか。
　　次の正しい文３つに○をつけましょう。

① (　　) 戦争に勝って、多額の賠償金を得た。

② (　　) どちらの国も、戦争を続けられる状態ではなかった。

③ (　　) 南樺太を手に入れたが、賠償金は取れなかった。

④ (　　) 国民は、戦争に勝って喜んでいた。

⑤ (　　) この戦争に、少数だが反対する人もいた。

ステップ

日本の政策と条約改正

1 日露戦争に関しての詩を見て、あとの問いに答えましょう。

> **君死にたまうことなかれ**
>
> ああおとうとよ　君を泣く
>
> 君死にたまうことなかれ
>
> 末に生まれし君なれば
>
> 親のなさけはまさりしも
>
> 親は刃をにぎらせて
>
> 人を殺せとおしえしや
>
> 人を殺して死ねよとて
>
> 二十四までをそだてしや
>
> 与謝野晶子　作

(1) この詩の作者はだれですか。

（　　　　　　　　　　　）

(2) (1)が、この詩にこめた思いで、正しい文に○をつけましょう。

① （　　）弟よ、お国のために人を殺して、手がらを立ててほしい。

② （　　）弟よ、君の親は、君に人を殺して、自分も死ねと教えて育ててきたのではないよ。

2 日露戦争後、日本が朝鮮に対してしたことについて、（　）にあてはまる言葉を⌐⌐⌐から選んで答えましょう。

(1) （①　　　　　　）併合 (1910) …日本の（②　　　　　　）

土地を（③　　　　　）値段で取り上げられ、仕事がなくなった人々

は、（④　　　　　）に移り住み、炭鉱などの危険な仕事をさせた。

(2) 学校教育

授業は日本語で、日本の（①　　　　　　）を尊敬するように、日本の

（②　　　　　　）を教えていた。

```
日本　　韓国　　安い　　植民地　　歴史　　天皇
```

学びのディープポイント！ 日露戦争の頃には反戦の詩が発表された
よ。人々は徴兵で若くして戦地につれていかれることに、つらい思いも
かかえていたんだ。この頃に、国力が高まり、近代化を認められた日本
は、江戸時代に結んだ不平等条約を改正することにやっと成功するよ。

3 次の絵を見て、条約改正への道について、あとの問いに答えましょう。

> 1886年、イギリスの汽船
> が和歌山県沖で沈没した。
> イギリス人船員は、全員
> ボートに乗って助かった。
> 日本人は乗客全員がおぼれ
> 死んだ。
> 　しかし、船長は（Ⓐ）の
> 法律で、軽いばつを受けた
> だけだった。

(1) 条約改正の世論が高まった、この事件を何といいますか。

（　　　　　　　　　）事件

(2) 文中のⒶに入る国は、どこですか。　　（　　　　　　　）

(3) この不平等な条約の名前と、不平等な内容を答えましょう。

（　　　　　　　）条約　　㋐（　　　　　　　　）を認める

㋑（　　　　　　　　）がない

(4) 日清・日露戦争に勝って国際的地位が高くなった日本は、条約改正
に動き出しました。(3)の㋐㋑が改正できたときの外務大臣はだれです
か。

㋐…（　　　　　　　）[1894]

㋑…（　　　　　　　）[1911]

日米修好通商　　ノルマントン号　　関税自主権
治外法権（領事裁判権）　　小村寿太郎　　陸奥宗光　　イギリス

産業・文化の発展と公害問題

1 次の文章を読んで、（　）にあてはまる言葉を［＿＿＿］から選んで答えましょう。

> 日清戦争のころの日本は、Ⓐ（ ㋐ ）などの軽工業が中心でした。その後、日清戦争で得た賠償金を使って北九州に（ ㋑ ）製鉄所をつくりました。すると、造船や機械などの（ ㋒ ）が発達し、軍艦や大砲なども国内でつくられるようになりました。
> しかし、産業が発展する中で、Ⓑ深刻な公害問題も起こりました。

(1) 文中の㋐〜㋒にあてはまる言葉は何ですか。

㋐（　　　　　）　㋑（　　　　　）　㋒（　　　　　）

(2) 下線Ⓐについて書かれた文にしましょう。

富国強兵による政策でつくられた（①　　　　　）製糸場が中心になり、㋐の輸出量が世界一になりました。しかし、そこでは、若い工女が（②　　　　　）賃金で、（③　　　　　）働かされていたのでした。

(3) 下線Ⓑについて、次の問いに答えましょう。

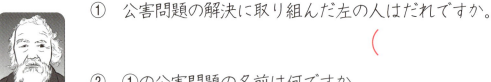

① 公害問題の解決に取り組んだ左の人はだれですか。

（　　　　　　　）

② ①の公害問題の名前は何ですか。

（　　　　　　　）鉱毒事件

③ Ⓑの問題が起きたのは、なぜですか。

人々の生活よりも（　　　　　）を優先させたから。

長時間	富岡	安い	田中正造	産業
足尾銅山	重工業	生糸	八幡	

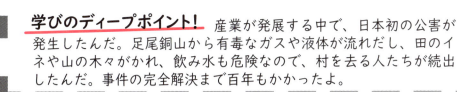

学びのディープポイント! 産業が発展する中で、日本初の公害が発生したんだ。足尾銅山から有毒なガスや液体が流れだし、田のイネや山の木々がかれ、飲み水も危険なので、村を去る人たちが続出したんだ。事件の完全解決まで百年もかかったよ。

学習日

2 明治時代の後半、医学の世界ではめざましい発展がありました。次の研究や発見をした人の名前を答えましょう。

① ペスト菌や破傷風（はしょうふう）の治療法（ちりょうほう）を発見した。

（　　　　　　）

② アフリカの黄熱病（おうねつびょう）を研究した。（　　　　　　）

③ 赤痢菌（せきりきん）を発見した。（　　　　　　）

©国立国会図書館

| 野口英世（のぐちひでよ）　　志賀潔（しがきよし）　　北里柴三郎（きたざとしばさぶろう） |

©国立国会図書館

3 文学や教育の世界でも、活やくする人が出てきました。次の文にあてはまる人物を□□から選んで答えましょう。

① 「坊ちゃん」（ぼっ）「吾輩は猫である」（わがはい）（ねこ）…………………（　　　　　　）

② 「たけくらべ」……………………………………………（　　　　　　）

③ 「君死にたまうことなかれ」……………………………（　　　　　　）

④ 短歌や俳句（はいく）に革新（かくしん）をもたらした①の友人………（　　　　　　）

⑤ 女子教育の先駆者（せんくしゃ）……………………………………（　　　　　　）

| 樋口一葉（ひぐちいちよう）　　津田梅子（つだうめこ）　　与謝野晶子（よさのあきこ）
夏目漱石（なつめそうせき）　　正岡子規（まさおかしき） |

©国立国会図書館

民主主義運動と米騒動

 次の文章を読んで、あとの問いに答えましょう。

第一次世界大戦後、日本は不景気になりました。1923年に㋐大きな天災も起こり、社会不安も高まりました。人々は、自分たちの願いを実現しようと、それぞれ立ち上がりました。

社会進出した㋐女性は、地位向上のために運動をしました。㋑差別されてきた人たちも、自らの解放のために立ち上がりました。また、政党を中心にした政治をするべきという運動が起こり、㋒すべての男子に選挙権が認められました。

(1) ㋐は、何がおきましたか。　　　　　　　（　　　　　　　　　　）

(2) ㋐〜㋒に関係する人物や言葉を ┄┄┄ から選んで答えましょう。

① ㋐の運動の代表的な人物はだれですか。

（　　　　　　　　　　）

② ㋑のために設立した組織は、何ですか。

（　　　　　　　　　　）

③ ㋒の法律を何といいますか。また、年れいは、25才以上と20才以上のどちらですか。

（　　　　　　）法　（　　　　　）才以上

©国立国会図書館

(3) (2)の③と同じ年に、政治や社会を大きく変えようとする運動を厳しく取りしまる法律ができました。何という法律ですか。

（　　　　　　　　　　）法

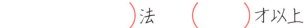

治安維持　　関東大震災　　普通選挙
全国水平社　平塚らいてう

学びのディープポイント! この時代に平塚らいてうは、女性の自由と権利を「原始、女性は太陽であった。…」で始まる文でうったえ、運動を行ったんだ。こうした動きから、より民主主義を目指す運動が活発化していくよ。

2 次のグラフを見て、あとの問いに答えましょう。

〈失業者数と農産物の価格の変化〉

※米・麦の値段は1929年を100とする

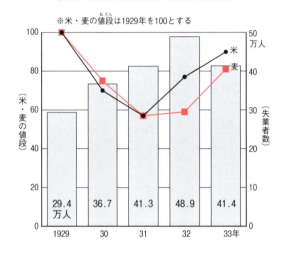

(1) 米と麦の価格は、何年まで下がっていましたか。

(　　　　)年

(2) (1)のときは、1929年のどれぐらいの割合まで下がりましたか。

約(　　　　)%

(3) 失業者は、何年が一番多くて、何万人いましたか。

(　　　　)年 　 (　　　　)万人

(4) 農産物の値段が下がって生活が苦しくなったのは、農村と都市のどちらに住んでいる人たちですか。

(　　　　　　)に住む人たち

3 **①**の時代のことについて、正しい文3つに〇をつけましょう。

① (　) 各地で米の値上がりに反対して立ち上がった米騒動がおこった。

② (　) 薩摩藩と長州藩の出身者だけで、政治を行っていた。

③ (　) 政党が中心になって、政治が行われるようになった。

④ (　) 大正デモクラシーといって、民主主義運動が広がった。

⑤ (　) 農民や労働者は、自分たちの願いを実現させるための組合をつくれなかった。

明治時代（後半）

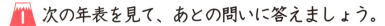 次の年表を見て、あとの問いに答えましょう。

時代	年	主なできごと
明治時代	1886	①（　　　　　　　）事件
	1894	⑦ 治外法権（領事裁判権）の廃止　（イギリス）
		Ⓐ（　　　　　　　）戦争
	1901	北九州に官営工場ができる
	1902	日英同盟
	1904	Ⓑ（　　　　　　　）戦争
	1910	②（　　　　　　　）併合
	1911	⑦ 関税自主権の回復

(1) 年表の（　）にあてはまる言葉を〔 〕から選んで答えましょう。

    日露　　日清　　韓国　　ノルマントン号

(2) ①の事件は、⑦と⑦のどちらにつながりますか。記号で答えましょう。

（　　）

(3) ⑦と⑦を改正させた外務大臣の名前を〔 〕から選んで答えましょう。

⑦（　　　　　　）

⑦（　　　　　　）

    小村寿太郎　　東郷平八郎　　陸奥宗光

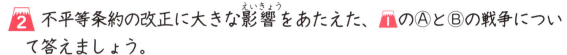 2 不平等条約の改正に大きな影響をあたえた、のⒶとⒷの戦争について答えましょう。

(1) ⒶとⒷの戦争について、その相手国と日本が得た物を記号で答えましょう。

	Ⓐ戦争	Ⓑ戦争
戦争国		
得た物	と	と

※朝鮮は、1897年に大韓帝国（韓国）に改名

⑦ロシア　　　　　　　　　⑦中国（清）

⑦南満州鉄道・南樺太を得た　⑤リャオトン半島・台湾を得た

⑦多額の賠償金を得た　　　　⑦賠償金を手に得られなかった

(2) Ⓐ戦争で得た賠償金でつくった官営工場は、富岡製糸場と八幡製鉄所のどちらですか。　　　　　　（　　　　　　　　　　）

(3) Ⓑ戦争後、日本は（②）を併合しました。このことでどうなりましたか。正しい文2つに○をつけましょう。

① （　　）　朝鮮の学校では、今まで通り朝鮮の歴史を教えた。

② （　　）　朝鮮の学校では、朝鮮ではなく日本の歴史を教えた。

③ （　　）　朝鮮の国の人々から土地を取り上げた。

④ （　　）　朝鮮の国の人たちのやりたい仕事を認めた。

明治時代（後半）・大正時代

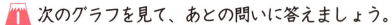

次のグラフを見て、あとの問いに答えましょう。

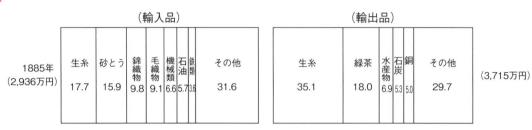

（輸入品）

1885年 (2,936万円)	生糸 17.7	砂とう 15.9	綿織物 9.8	毛織物 9.1	機械類 6.6	石油 5.7	鉄類 3.6	その他 31.6

（輸出品）

生糸 35.1	緑茶 18.0	水産物 6.9	石炭 5.3	銅 5.0	その他 29.7	(3,715万円)

(1) 1885年の輸入品と輸出品を答えましょう。

	輸入品		輸出品	
日清戦争前〔1885年〕				

(2) 明治時代の産業について、表にあてはまる言葉を ___ から選んで答えましょう。

工 業	①	②　　　　　　　　の芽生え
内 容	《日清戦争前》(1885) ③（　　　　　　製糸場）	《日清戦争後》(1899) ④（　　　　　　製鉄所）
		《日露戦争後》(1913) ⑤（　　　　　）・機械・兵器工業

重工業　軽工業　八幡　富岡　造船

(3) 輸出品の銅をつくり出す過程で発生した公害事件と、それの解決に取り組んだ人物名を答えましょう。

（　　　　　　　）鉱毒事件，人物名（　　　　　　　）

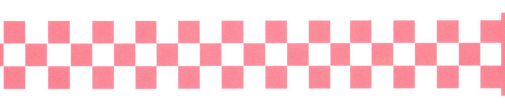

2 明治時代、世界や日本で活やくする人たちがいました。それぞれの人物と関係することを線で結びましょう。

① 医学

⑦ 北里柴三郎 ・　　・ Ⓐ 赤痢菌の発見

④ 志賀　潔 ・　　・ Ⓑ 黄熱病の研究

⑨ 野口英世 ・　　・ Ⓒ 破傷風の治りょう法の発見

② 文学、教育

⑦ 津田梅子 ・　　・ Ⓐ 「坊ちゃん」の作者

④ 与謝野晶子 ・　　・ Ⓑ 「君死にたまふことなかれ」

⑨ 夏目漱石 ・　　・ Ⓒ 女子教育の先駆者

3 大正時代に入ると、民主主義運動が盛んになります。（　）にあてはまる言葉を ┊＿＿┊ から選んで答えましょう。

① 社会運動

⑦ （　　　　　　　　　）…女性の地位向上に取り組んだ人。

④ （　　　　　　　　　）…差別に苦しんできた人たちが、自らの
　　　　　　　　　　　　　　　　力で差別解消を目指した組織。

② （　　　　　　　）法……25才以上のすべての（　　　　　　）。

┌─────────────────────────────────┐
│ 普通選挙　　平塚らいてう　　男子　　全国水平社 │
└─────────────────────────────────┘

12  イメージマップ 昭和時代

🗻 次のうすく書かれた言葉をなぞりましょう。

時代	年	主なできごと
大正時代	1920	Ⓐ国際社会からの離脱（りだつ）と日本敗戦 こくさいれんめい 国際連盟 に加盟
	1923	かんとうだいしんさい ふけいき 関東大震災　→　不景気になる
しょうわ じだい 昭和時代	1929	世界的な不景気がさらにおしよせる
	1931	まんしゅうじへん 満州事変
	1932	満州国をつくる
	1933	だったい 国際連盟を脱退
	1937	にっちゅうせんそう 日中戦争
	1939	だいにじせかいたいせん 第二次世界大戦　（〜45）
	1941	たいへいようせんそう 太平洋戦争
	1945	（3月）東京大空しゅう（集団そかい） ゆいいつ （4月）沖縄戦（国内唯一の地上戦） せんげん （7月）ポツダム宣言 　　　→日本は受け入れず げんしばくだん （8月）広島・長崎に原子爆弾の投下 　　　ポツダム宣言を受け入れ敗戦

Ⓐ　国際社会からの離脱と敗戦

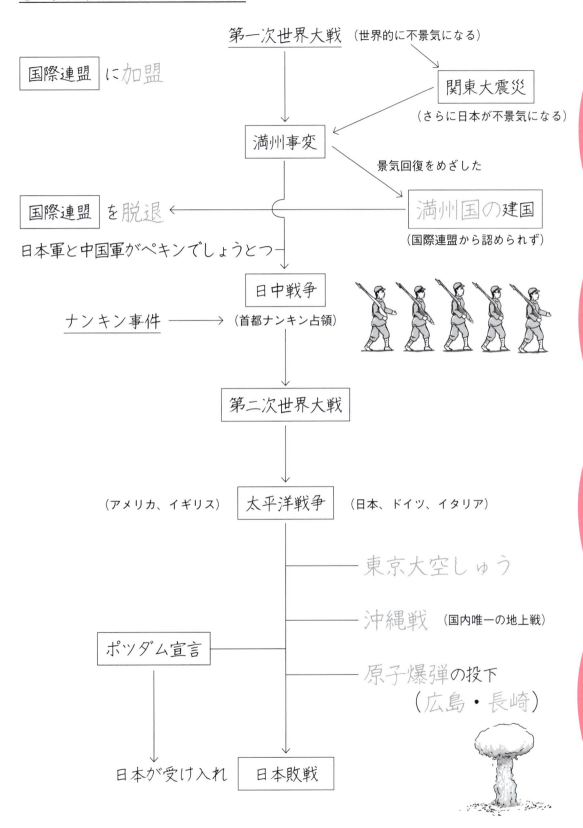

第一次世界大戦　（世界的に不景気になる）

国際連盟 に加盟

関東大震災

（さらに日本が不景気になる）

満州事変

景気回復をめざした

国際連盟 を脱退 ←

満州国の建国

（国際連盟から認められず）

日本軍と中国軍がペキンでしょうとつ

日中戦争

ナンキン事件 ⟶ （首都ナンキン占領）

第二次世界大戦

（アメリカ、イギリス）　太平洋戦争　（日本、ドイツ、イタリア）

東京大空しゅう

沖縄戦　（国内唯一の地上戦）

ポツダム宣言

原子爆弾の投下
（広島・長崎）

日本が受け入れ　日本敗戦

アジアに広がる戦争

 次の文章を読んで、あとの問いに答えましょう。

> 昭和の初めの不景気で、人々の生活はゆきづまりました。そこで、政治家や（ ⑦ ）は、Ⓐ中国の東北部の（ ⑦ ）に注目しました。
>
> Ⓑ日本軍は、1931年、（ ⑨ ）が南満州鉄道を爆破したとして、攻撃を始めました。

(1) ⑦～⑨にあてはまる言葉を _____ から選んで答えましょう。

　　　⑦（　　　　　　　）　⑦（　　　　　　　）　　⑨（　　　　　　　　）

(2) なぜ、Ⓐに注目したのですか。正しい文2つに○をつけましょう。

　① （　　）　Ⓐは人口が多く、日本で働かせることができるから。

　② （　　）　Ⓐは貧しい生活をしているので、援助するため。

　③ （　　）　Ⓐは、石炭や鉄鉱石などの資源にめぐまれているため。

　④ （　　）　Ⓐを日本の領土にすることで、景気が回復できると考えたから。

(3) このⒷの事件を何といいますか。 _____ から選んで答えましょう。

　　　　　　　　　　　　　　　　　　　　　　　（　　　　　　　　　　　）

(4) (3)を起こした日本は、そこに何という国を建てましたか。 _____ から選んで答えましょう。　　　　　　　　　　（　　　　　　　　　　）

> 中国軍　　軍人　　満州　　満州国　　満州事変

学びのディープポイント! 日本は不景気の中で、何としてでも満州が必要だったんだ。このときに日本から満州に移り住んだ人が結構いたよ。でも、この満州国をつくったことで、国際連盟から脱退することになり、結果的に世界中からこ立してしまったんだ。

2 次の文章と地図を参考にして、あてはまる言葉を ［ ］ から選んで答えましょう。

> Ⓐ1931年に日本軍が起こした事件で満州に建国した後、軍人の発言力が強まり、とうとうⒷ1937年に北京の近くで、中国軍としょうとつしました。

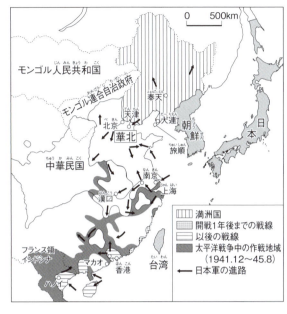

(1) 中国はⒶのことを何という組織にうったえましたか。

( )

(2) (1)の結果どうなって、日本はどのような行動をとりましたか。

日本は、建国を(①)ので(1)を(②)した。

(3) Ⓑでおきた戦争を何といいますか。 ( )戦争

(4) 1939年には東南アジアまで勢力を広げました。何の資源を求めてですか。

( )

> 国際連盟　石炭　認められなかった
> 鉄鉱石　石油　脱退　日中

(5) 2つの国が東南アジアを通じて中国を援助していました。その国名を答えましょう。

( )( )

> アメリカ　イギリス　日本　ドイツ　イタリア

ステップ

太平洋戦争と終戦

1 次の図を見て、( ) にあてはまる言葉を ⌐‐‐¬ から選んで答えましょう。

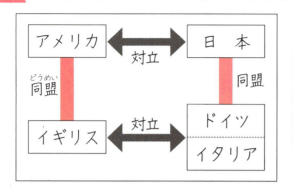

アメリカ ◀対立▶ 日 本	

太平洋戦争　　第二次世界大戦

中国　　イタリア　　アメリカ

石油

　1939年、ドイツが（① 　　　　　　　）と同盟を結び、イギリスは

（② 　　　　　　　）と同盟を結び、戦争を始めました。これを

（③ 　　　　　　　）といいます。

　このとき（④ 　　　　　）との戦いに行きづまっていた日本は、

（⑤ 　　　　　）などの資源を得るために、東南アジアに進出していまし

た。

　このことに反対する（②）と、日本はとうとう（⑥ 　　　　　　　）

が始まったのです。

2 日本がこのころに行ったことで、正しい文３つに○をつけましょう。

① （　　） 東南アジアや太平洋の島々を占領した。

② （　　） 日本の領土の台湾や植民地の朝鮮の若者を、日本軍として
　　　　　　徴兵した。

③ （　　） 占領地域の人々による政治を大事にした。

④ （　　） 占領地域の人々に米や食料などを送った。

⑤ （　　） 植民地の朝鮮では、人々の名前を日本名に変えさせた。

学びのディープポイント! 当時の日本はドイツやイタリアとの同盟で世界と戦おうとしたけど、その2国はヨーロッパでの戦争が中心だったんだ。日本は最初アメリカに奇しゅうをしかけたが、力の差は歴然で世界で唯一原子爆弾のひ害にあった国となってしまったよ。

3 次の文章を読んで、あとの問いに答えましょう。

> 1944年、太平洋の島々を占領したアメリカ軍は、日本の各都市に空から爆弾を落とすようになりました。特に、Ⓐ1945年3月の東京では、約10万人の人々がなくなりました。
>
> 4月にはⒷ日本で唯一の地上戦が行われ、軍人だけでなく約10万人の県民がなくなりました。
>
> そして8月、Ⓒ人類史上初めて使われる爆弾が2つの都市に投下され、21万人以上の死者を出しました。こうして、ついに日本は降伏し、15年にもわたった長い戦争が終わりました。

(1) ⒶとⒷについて、あてはまる言葉を ┆ ┆から選んで答えましょう。

① Ⓐのことを何といいますか。 （　　　　　　　　　）

② Ⓑは、どこの県で行われましたか。 （　　　　　）県

(2) Ⓒについて、あてはまる言葉を ┆ ┆から選んで答えましょう。

① Ⓒの爆弾の名前は何ですか。

（　　　　　　　）

② Ⓒは、どこの市に投下されましたか。

　　㋐ 8月6日 （　　　　　　　）市

　　㋑ 8月9日 （　　　　　　　）市

┌─────────────────────────────┐
│ 原子爆弾　　東京大空しゅう　　長崎　　沖縄　　広島 │
└─────────────────────────────┘

戦争中の人々のくらし

1 次の絵は、戦争中の子どもたちのようすです。つながりのあるものを線で結びましょう。

① 働く小学生

廃品を集める。

木炭を運ぶ。

② 分列行進

戦いにそなえて

③ 父母と別れる。

⑦ 空しゅうの危険をさけて、小学生は集団で田舎に疎開させた。

⑦ 小学生も鉄くずなどを集めたり、校庭でイモを作ったり、戦争のために働いた。

⑦ 学校で勉強することも少なく、軍事訓練などが行われた。

2 次の図を見て、( )にあてはまる言葉を[ ]から選んで書きましょう。

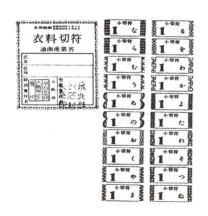

衣料切符
通商産業省

戦争が激しくなると、人々の生活はしだいにがまんをしいられ、衣料品や（①　　　　）、日用品まで（②　　　　）になりました。

武器に使うために（③　　　　）でできたものなら、なべやかままで回収されました。

┌─────────────────┐
│ 鉄　　食料　　配給制 │
└─────────────────┘

学びのディープポイント！ 戦争中の日本は、配給制で生活に必要な食料などが配られていたよ。また、全国各地が空しゅうを受けたことで、子どもは田舎に疎開するようになったよ。沖縄県での地上戦もあり、軍人だけでなく、民間人にもぎせい者が出ていたんだ。

🗻 **3** 戦争中の人々の生活について、正しい文３つに〇をつけましょう。

① （　　） 外国からの輸入で、食料は豊富であった。

② （　　） 食料不足を補（おぎな）うために、運動場や空き地を畑にした。

③ （　　） 防火訓練などは、となり組の組織などを活用して行った。

④ （　　） 若い男子はほとんど戦争に行ったので、残っていたのは、
　　　　　　女性や老人、子どもが多かった。

⑤ （　　） いつでもどこでも「戦争反対」と言うことができた。

🗻 **4** 次の表を見て、あとの問題に答えましょう。

国・地域（ちいき）	戦争でなくなった人の数
中　　国	約1000万人
東南アジア	約730万人
韓（かん）国（こく）	約20万人
日　　本	約310万人 （市民約80万人）

(1) 表の中で一番なくなった人の数が多い国はどこですか。

（　　　　　　　　）

(2) 日本以外のアジア全体で、約何万人の人が亡くなりましたか。

約（　　　　　　　）万人

(3) 日本市民の死者数は、日本全体の死者数の約何分の１ですか。

約（　　　　　　　）

(4) なぜ(3)の人が多いのですか。

空しゅうや広島・長崎の（　　　　　　　）の投下、沖縄での地上戦
があったから。

昭和時代

 次の年表を見て、あとの問いに答えましょう。

時代	年	主なできごと
昭和時代 しょうわ	1929	世界的な不景気 生活が苦しくなる
	1931	（Ⓐ　　　　　　　　　）がおこる
	1932	（①　　　　　　　　　）
	1933	（②　　　　　　　　　）
	1937	（Ⓑ　　　　　　　　　）が始まる
		（③　　　　　　　　　）
	1939	第二次世界大戦が始まる（～1945）
	1941	（Ⓒ　　　　　　　　　）が始まる
		・㋐東京大空しゅう ・㋑唯一の地上戦　ゆいいつ ・㋒原子爆弾の投下　げんしばくだん
	1945	敗戦（ポツダム宣言を受け入れる）せんげん

(1) 年表のⒶ～Ⓒに入る15年間におきた事変や戦争を、 ﹏﹏﹏ から選んで答えましょう。

> 日中戦争　　太平洋戦争　　満州事変　まんしゅうじへん

(2) 次の出来事は年表①～③のどれにあたりますか。 ﹏﹏﹏ から選んで答えましょう。

> ナンキン事件　　満州国の建国　　国際連盟脱退

(3) Ⓐをおこした理由について（　）にあてはまる言葉を....から選んで答えましょう。

世界中の不景気の中で、日本も人々の生活も（① 　　　　）なりました。そこで（② 　　　　）は、広大な（③ 　　　　）地域を占領すれば、石炭や鉄鉱石などの豊かな（④ 　　　　）が手に入り、景気が良くなると考えたからです。

> 資源　　満州　　苦しく　　軍部

(4) Ⓑから©が始まったことについて、（　）の中の言葉に○をつけて正しい文にしましょう。

長引くⒷで、（① 石炭 ・ 石油 ）の資源が不足してきたので、それを求めて（② ヨーロッパ ・ 東南アジア ）へ進出しようとしました。しかし、そのことに反対する（③ ソ連 ・ アメリカ ）などは、日本に（①）の輸入禁止を打ち出しました。そこで、日本は（③）と©を始めることになったのです。

(5) 年表㋐〜㋒の場所を地図の㋐〜㋓から選んで、記号と地名を答えましょう。

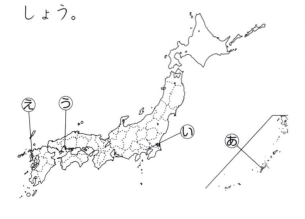

	記号	地名
㋐		
㋑		
㋒		

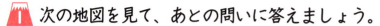

昭和時代

🗻 次の地図を見て、あとの問いに答えましょう。

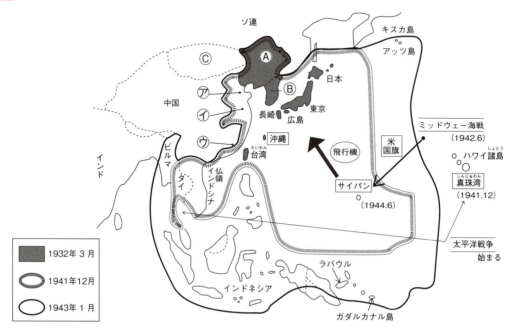

(1) 日本が領土とした満州国は、地図上の④～⑥のどこですか。記号で答えましょう。　　　　　　　　　　　　　　　　（　　　　　）

(2) どんな資源を得るために(1)を建国したのですか。（　）にあてはまる言葉を____から選んで答えましょう。

（　　　　　）や（　　　　　）などの資源

> ダイヤモンド　　石油　　石炭　　鉄鉱石

(3) 日中戦争のきっかけになった、1937年のペキン郊外でおきた事件は、⑦～⑨のどこでしたか。記号で答えましょう。

（　　　　　）

(4) (3)がゆきづまる中、何を求めて東南アジアまで進出しましたか。

資源（　　　　　）

2 次の戦争のためにできた法律(ほうりつ)について、あとの問いに答えましょう。

> 「戦争のために、㋐すべての国民と㋑すべてのものは使うことができる。」

(1) 次の文は、上の文の㋐と㋑のどちらに関係する文ですか。

① (　　)　20才になると大学生でも、男子は兵隊に行かされた。

② (　　)　お米は、自由に買えないで国から配られた。

③ (　　)　鉄でできたおなべや公園の鉄ぼうなどは集められた。

④ (　　)　中学生や女学生は工場で働かされた。

(2) 次のスローガンは、日本とアメリカどちらのものですか。アメリカならア、日本なら日と答えましょう。

㋐「勝つまではいつも通り、勝ったら思い切りぜいたくしようぜ」 (　　)

㋑「ぜいたくは敵(てき)だ」「ほしがりません、勝つまでは」 　　　　(　　)

3 次の①〜③のことがらと特に関係のある都市名を線でむすびましょう。

① 空しゅう　・　　　　　　　　　　・　㋐　沖縄

② 原子爆弾　・　　　　　　　　　　・　㋑　日本全土
　　(国内でここのみ)

③ 地上戦　・　　　　　　　　　　　・　㋒　広島・長崎
　　(国内でここのみ)

13 イメージマップ 昭和・平成・令和時代

🗻 次のうすく書かれた言葉をなぞりましょう。

時代	年	主なできごと
昭和時代	1945	Ⓐ新しい日本の国づくり 日本敗戦　→　民主化（戦後改革へ）
	1946	日本国憲法（にほんこくけんぽう）の発布
	1951	Ⓑ日本の独立と国際社会への復帰 サンフランシスコ平和条約（へいわじょうやく）
		日米安全保障条約（にちべいあんぜんほしょうじょうやく）
	1955	高度経済成長（こうどけいざいせいちょう）（〜73年）
	1956	国際連合（こくさいれんごう）に加盟（かめい）
	1964	東京オリンピック
	1970	日本万国博覧会（大阪）
	1972	沖縄が日本に復帰（ふっき）
	1978	日中平和友好条約
平成時代（へいせいじだい）	1995	阪神（はんしん）・淡路大震災（あわじだいしんさい）
	2011	東日本大震災
令和時代（れいわじだい）	2021	東京オリンピック（予定）

Ⓐ 新しい日本の国づくり

民主化する日本の [戦後改革]
- ①軍隊の解散
- ②教育制度改革
- ③政党の復活
- ④労働組織の結成
- ⑤男女平等（選挙権）
- ⑥大会社の解散
- ⑦言論・思想の自由
- ⑧農地改革

天皇は日本国の
[象徴] になった
（しょうちょう）

日本国憲法の [三原則]

[国民主権]
（こくみんしゅけん）

[基本的人権の尊重]
（きほんてきじんけん　そんちょう）

[平和主義]
（へいわしゅぎ）

Ⓑ 独立と国際社会への復帰

☆ [サンフランシスコ平和条約] （アメリカやイギリスなど）

　　　　　→ 日本が独立を回復　　[日米安全保障条約]

（アメリカ軍が独立後も日本にとどまった）

☆ [国際連合に加盟]

☆ [高度経済成長] （日本がめざましく発展した）

- ・各家庭に「三種の神器」（ [テレビ] ・冷蔵庫・洗たく機）

- ・産業は発達したが [公害] もまた問題になっていた

- ・平和の象徴である [オリンピック] を東京で開いた

新しい日本と平和的な憲法

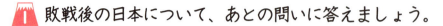

■ 敗戦後の日本について、あとの問いに答えましょう。

(1) 次の（　）にあてはまる言葉を[___]から選んで答えましょう。

　　　敗戦後、日本は（①　　　　　）を中心とする連合国に占領され、Ⓐ民主的な国づくりとして、（②　　　　　）が定められました。

　　　（②）では、二度と（③　　　　　）はしないこと、（③）のための（④　　　　　）をもたないことなどを定めました。

　　　このことから、（⑤　　　　　）ともよばれています。

戦争放棄

> 日本国憲法　　戦争　　戦力　　平和憲法　　アメリカ

(2) (1)の憲法の３つの柱について、（　）にあてはまる言葉を[___]から選んで答え、関係する文と線で結びましょう。

① （　　　　）主権　　・

　　　　　　　　　　　　　　・⑦　軍隊をもたず、永久に戦争をしない。

② （　　　　）主義　　・

　　　　　　　　　　　　　　・⑦　すべての国民が人間らしく生きる権利。

③ （　　　　）の尊重　・

　　　　　　　　　　　　　　・⑦　主権は、国民にある。

(3) この憲法で、天皇はどのような地位になりましたか。

　　　　　　　　　　　　　国民の（　　　　　　　　）

> 象徴　　基本的人権　　平和　　国民

学びのディープポイント！ 戦争に敗けた日本は、アメリカを中心とした連合国と民主的な国づくりを始めたんだ。そして、戦争を二度としないことをちかい、人権を守り、国民が主権者であることを定めたよ。これが現在の日本国憲法なんだ。

学習日

(4) (1)の下線の⒜を進めるための改革（かいかく）を、図を見て答えましょう。

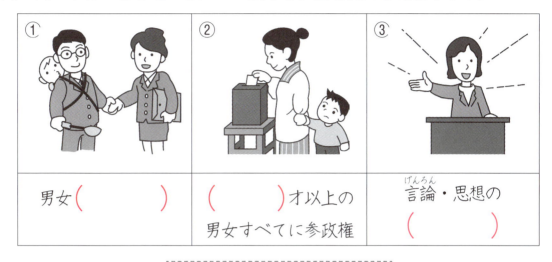

①	②	③
男女（　　　　）	（　　　　）才以上の男女すべてに参政権	言論・思想の（げんろん）（　　　　）

```
    18    20    平等    自由
```

🗻 **2** 次の文は、戦後の教育のようすを表しています。（　）にあてはまる言葉を[＿＿＿]から選んで答えましょう。

　校舎（こうしゃ）が焼けてしまったところでは、校庭にいすやつくえを並べる（①　　　　　　　）で学びました。また、ノートやえん筆などの学習用具も満足にない状態でした。

　そんな中でも1947年には（②　　　　　　　）が始まり、子どもの（③　　　　　　　）不足を補（おぎな）う取り組みが始まりました。

　また、教育制度が改められ、義務教育は小学校（④　　　　）年、中学校（⑤　　　　）年となりました。

```
    3    6    栄養    青空教室    学校給食
```

日本の国際社会への復帰と経済成長

🗻 次の文章を読んで、あとの問いに答えましょう。

(1) 文中の（　）にあてはまる言葉を⌈＿＿⌉から選んで答えましょう。

　第二次世界大戦が終わったあと、世界の平和を守るための組織である（①　　　　）が設立されました。

　しかし、Ⓐ世界は資本主義国の（②　　　　）を中心とする国々と、社会主義国の（③　　　　）を中心とする国々に分かれて対立していました。

　日本は1951年にⒷ（④　　　　）平和条約を結び、独立を回復しました。1956年には（③）と国交が回復し、1972年には（⑤　　　　）と国交が正常化しました。

> 中国　　アメリカ　　ソ連　　国際連合　　サンフランシスコ

(2) 下線Ⓐについて、次の図の㋐～㋑にあてはまる言葉を⌈＿＿⌉から選んで答えましょう。

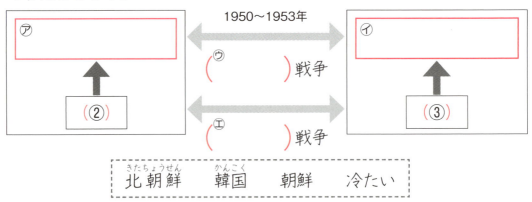

> 北朝鮮　　韓国　　朝鮮　　冷たい

(3) 下線Ⓑで日本が独立した後も、1972年までアメリカの占領地になったのは、沖縄県と北海道のどちらですか。

（　　　　）

学びのディープポイント！ 民主化された日本は、平和条約を各国と結び、世界の平和を守る国際連合に参加したことで、国際社会への復帰を果たしたよ。しかし、この頃にはアメリカとソ連・中国との関係が悪化していて、日本や朝鮮はその最前線に位置することになったよ。

2 次のできごとと関係するものを、線で結びましょう。

① 国際連合に加盟（かめい）した後に国交回復した国 ・

② 今でも国交が回復できていない国 ・

③ サンフランシスコ平和条約と同時に結ばれた条約 ・

・ ⑦ ソ連

・ ⑦ 日米安全保障条約（にちべいあんぜんほしょうじょうやく）

・ ⑦ 朝鮮民主主義人民共和国（北朝鮮）

3 次の文章を読んで、あとの問いに ___ から選んで答えましょう。

　日本の経済（けいざい）は、Ⓐ1950年代後半から1970年代初めにかけてめざましく発展（はってん）し、Ⓑ「三種の神器（じんぎ）」とよばれる電化製品が、多くの家庭に広まりました。

　また、Ⓒ1964年、アジアで初めて世界的なスポーツの祭典が開かれました。1968年、国民総生産額がアメリカに次ぐ世界第2位になりました。この頃には3C（クーラー、カラーテレビ、自動車）がふきゅうしました。

　しかし、工業が急速に発展する一方で、水俣病（みなまたびょう）などのⒹ各地で市民の健康をそこなう大きな公害を引きおこしました。

(1) 下線のⒶ〜Ⓓと関係する言葉を答えましょう。

Ⓐ		Ⓑ	（　　　　　）・冷蔵庫（れいぞうこ）・洗濯機（せんたくき）
Ⓒ		Ⓓ	

(2) Ⓒに合わせて、東京・大阪間に何が開通しましたか。

（　　　　　　　　　　）

> 四大公害病　　高度経済成長　　テレビ
> 東海道新幹線（とうかいどうしんかんせん）　　東京オリンピック

昭和・平成・令和時代

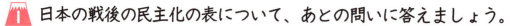

🗻 日本の戦後の民主化の表について、あとの問いに答えましょう。

年	月	主なできごと
1945	8	日本の敗戦（ポツダム宣言を受け入れる）
	9	（ ① ）の解散
	11	政党の復活　言論・思想の（ ② ）
	12	・選挙権…（ ③ ）才以上の（ ④ ）
		・男女が（ ⑤ ）になる
		・農地改革（多くの農民が自分の土地を持てる）
		・労働組合の結成（労働者の権利の保障）
1946	11	Ⓐ新しい憲法が公布される

(1) 年表の（ ）にあてはまる言葉を ⬚ から選んで答えましょう。

> 男女　　軍隊　　平等　　自由　　18　　20

(2) 下線Ⓐの名前を答えましょう。　　　　　　　　（　　　　　　　　　）

(3) Ⓐの憲法の三原則を答えましょう。

① （　　　　　　　　）…戦争で国どうしの問題を解決しない。

② （　　　　　　　　）…国民一人ひとりが政治の主人公。

③ （　　　　　　　　）…すべての国民が人間らしく生きる権利。

(4) Ⓐでは、天皇はどのような地位になりましたか。

　　　　　　　　　　　　　　　　　　　　　　国民の（　　　　　　　）

2 次の日本の経済と災害の表について、あとの問いに答えましょう。

年	主なできごと
1955	Ⓐ高度経済成長期に入る（～1973年）
1964	東京（　①　）
1968	Ⓑ国民総生産額が世界第2位になる
1970	日本（　②　）（大阪）
1995	阪神・淡路大震災
2011	（　③　）大震災

(1) 年表の（　）にあてはまる言葉を［＿＿＿］から選んで答えましょう。

> 東日本　　万国博覧会　　オリンピック

(2) 下線Ⓐのころにふきゅうした「三種の神器」には、冷蔵庫・洗濯機のほかに、何がありますか。　　　白黒（　　　　　）

(3) 下線Ⓑのころにふきゅうした「3C」には、カラーテレビ、自動車（カー）のほかに何がありますか。

（　　　　　　）

(4) 工業が発展し、急速に経済が成長していくうえで、四大公害病が発生していました。新潟水俣病や四日市ぜんそく、イタイイタイ病などがあります。もう1つは何ですか。

（　　　　　　）

昭和・平成・令和時代

 次の年表を見て、あとの問いに答えましょう。

時代	年	主なできごと	
（あ）時代	1945	アメリカ中心の連合軍が占領 →日本の民主化へ	（⑦　　　　　）の設立
	1946	日本国憲法　公布	
	1950		Ⓐ 朝鮮戦争
	1951	Ⓑ（⑦　　　　　）平和条約 日本の独立（日米安全保障条約）	
	1956	（⑦）に加盟 ←	（①）国交回復
	1964	東京（⑦　　　　　）	
	1965		（②）国交回復
	1972	（⑦　　　　　）が日本に復帰	（③）国交正常化
（い）時代	1991		（①）⇒ロシア連邦
（う）時代	2021	東京（⑦）	

(1) あ～うの時代と①～④の国名を ┈┈ から選んで答えましょう。

あ		い		う	

①		②		③	

┈┈┈┈┈┈┈┈┈┈┈┈┈┈┈┈┈┈┈┈┈┈┈┈┈┈
平成　令和　昭和　中国　韓国　ソ連　アメリカ
┈┈┈┈┈┈┈┈┈┈┈┈┈┈┈┈┈┈┈┈┈┈┈┈┈┈

(2) ⑦～⑦にあてはまる言葉を、 ┈┈ から選んで表に答えましょう。

┈┈┈┈┈┈┈┈┈┈┈┈┈┈┈┈┈┈┈┈┈┈┈┈┈┈
サンフランシスコ　沖縄　国際連合　オリンピック
┈┈┈┈┈┈┈┈┈┈┈┈┈┈┈┈┈┈┈┈┈┈┈┈┈┈

(3) 下線Ⓐついて、図のあ～うにあてはまる言葉を答えましょう。

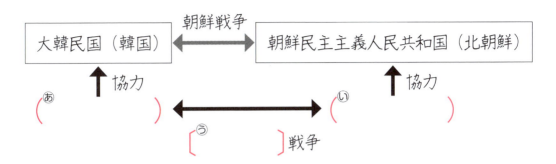

朝鮮戦争	
大韓民国（韓国）	朝鮮民主主義人民共和国（北朝鮮）

↑協力　　　　　　　　↑協力

（あ　　　　）　←→　（い　　　　）

（う　　　）戦争

(4) 下線Ⓑと同時に結ばれた条約で、今でも（エ）で大きな問題になっているのは何ですか。

（　　　　　　　　）条約　（　　　　　　　　　）軍基地

(5) 日本固有の領土でありながら、年表の①～③の国が領有を主張する島があります。関係する島の名前と、場所を⑦～⑦で答えましょう。

択捉島

	名　前	場所
①		
②		
③		

北方領土　　竹島
尖閣諸島

(6) 日本の周りで、いまだに国交が開かれていなくて、らち問題がある国はどこですか。　（　　　　　　　　）

14 イメージマップ 世界の国と日本

🗻 次のうすく書かれた言葉をなぞりましょう。

中華人民共和国
（ちゅう か じんみんきょう わ こく）

お茶や漢字など、さまざまな文化を日本へ伝えた、人口数世界一の国。日本の第一位の貿易相手国でもある。

アメリカ合衆国
（がっしゅうこく）

政治、経済、文化、産業などで世界に大きなえいきょう力をもつ国。さまざまな民族や人種が集まる多文化社会。

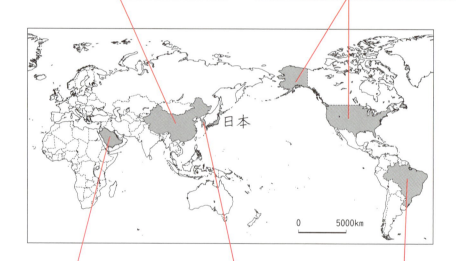

日本

0 ―― 5000km

サウジアラビア

輸出品の約90％が石油関連。国土の大部分がさばく。イスラム教の聖地メッカがある。

大韓民国
（だいかんみんこく）

日本に一番近い国。儒教（じゅきょう）の教えを大切にする。近年、音楽などの文化交流がさかん。

ブラジル連邦共和国
（れんぽうきょう わ こく）

リオのカーニバルやサッカーが有名。約150万人の日系ブラジル人が暮らしている。

☆国際連合

国際連合

1945年～
加盟国数…193か国（2020年）
世界の平和と安全を守るための国際機関

ユネスコ

教育・科学・文化を通じて国どうしが協力し平和を守ることを目的としている。
・世界遺産
・教育の機会をあたえる

安全保障理事会

国際平和を守り、国どうしの争いなどを解決することを目的としている。

ユニセフ

戦争や食料・水不足によるうえなどで、きびしい生活をしている子どもたちを助ける。
・子どもの権利条約

☆各国の活動

ODA

発展途上国の経済の発展や、福祉の充実のために先進国が行う援助。

青年海外協力隊
（JICA）

隊員は20～69才までの男女で、農林・水産・教育などの分野で、現地で生活しながら技術指導などを行う。

☆民間団体の活動

NGO

国から独立して活動してる民間団体。平和や人権、環境などの問題を解決するために国のちがいをこえて協力し活動している。

日本とつながりの深い国

■ 次の資料を見て、あとの問いに答えましょう。

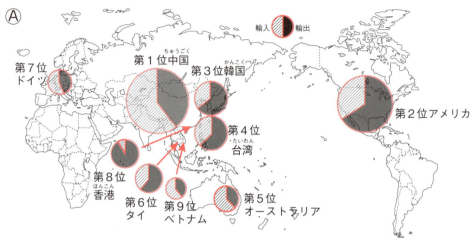

Ⓐ

輸入 ◐ 輸出

第7位ドイツ
第1位中国
第3位韓国
第2位アメリカ
第4位台湾
第8位香港
第6位タイ
第9位ベトナム
第5位オーストラリア

（『日本国勢国会 2019/20』より作成）

(1) （ ）にあてはまる言葉を ┈┈ から選んで答えましょう。

　　国と国のつながりを考える場合、おたがいの（①　　　　　　）額や日本にすむその国の人の（②　　　　　　）数、そしておたがいの（③　　　　　　）の交流などがあります。

┌─────────────────┐
│ 貿易　　文化　　人口 │
└─────────────────┘

(2) Ⓐから、日本との貿易額が多い国を3か国答えましょう。

　　1位（　　　　　　）　2位（　　　　　　）　3位（　　　　　　）

■ あとの問いに答えましょう。

(1) 右の図はどこの国の国旗ですか。

　　　　　　　　　　　　（　　　　　　　　）

(2) (1)の国は、黒船で来航して江戸時代の鎖国を終わらせました。この黒船の司令官の名前を答えましょう。　　　　　　（　　　　　　　）

(3) 日本が(1)の国と戦って敗戦した戦争の名前は何ですか。

　　　　　　　　　　　　　　　　（　　　　　　　）戦争

学びのディープポイント！ 日本にとってアメリカは、貿易面でも軍事面でも特に関係が強い国だね。アメリカとは基地問題もあるけど、日本にとって守りの要でもあるよ。ブラジルは、日本から移り住んだ人が多く、日系ブラジル人とよばれているよ。

学習日

(4) (1)の国についてあてはまる言葉を　　　から選んで答えましょう。

面積	約983万km² 　　日本の約（①　　　　）倍		
人口	約（②　　　）億人	首都	③
言語	④	産業	（⑤　　　　　　）産業、自動車、農業

```
3    26    50    英語    フランス語    ワシントン    IT
```

3 次の国旗の国について、あとの問いに答えましょう。

(1) 右の図はどこの国の国旗ですか。

（　　　　　　　）

(2) かつて日本から多くの人が(1)に移住し、今なおその子孫が多く住んでいます。その人たちは何とよばれていますか。

（　　　　　　　　　　）

(3) (1)の国についてあてはまる言葉を　　　から選んで答えましょう。

面積	約852万km² 　　日本の約（①　　　　）倍		
人口	約（②　　　）億人	首都	③
言語	④	産業	（⑤　　　　　　）…コーヒー豆、とうもろこし
日本との貿易	輸出…（⑥　　　　　）、コーヒー、とうもろこし		

```
22    2    ブラジリア    ポルトガル語    鉄鉱石    農業
```

日本とつながりの深い国

🗻 次の資料を見て、あとの問いに答えましょう。

(1) 右の図はどこの国の国旗ですか。正式名で答え
ましょう。

（　　　　　　　　　　　　）

(2) 日本は(1)の国から多くの文化を学んできまし
た。あてはまるものに○をつけましょう。

⑦（　）茶　　　　④（　）キリスト教

⑦（　）鉄砲　　　⑤（　）漢字

⑦（　）仏教　　　⑥（　）パン

(3) 現在の(1)の国について、あてはまる文３つに○をつけましょう。

⑦（　）世界２位の経済力をもつ　④（　）ＩＴ産業はおくれている

⑦（　）多民族国家である　　　　⑤（　）日本の最大の貿易国である

(4) (1)の国についてあてはまる言葉を［＿＿＿］から選んで答えましょう。

面積	約960万km² 　　日本の約（ ① 　　　　）倍		
人口	約（ ② 　　　）億人	首都	③
言語	④	産業	（ ⑤ 　　　）…ＩＴ、携帯部品

┌─────────────────────────────┐
　 25　　14　　中国語　　英語　　機械　　北京　　水産業
└─────────────────────────────┘

学びのディープポイント！ 最大の貿易相手国である中国やとなりの国である韓国とは、日本固有の領土に関して課題をかかえているよ。中東地域は石油が多く産出する国が多く、金持ちの国が多いよ。昔は原油価格が上がったことで、石油危機などがおきたんだ。

2 次の（　）にあてはまる言葉を┈┈から選んで答えましょう。

(1) 日本の石油の輸入相手として第1位なのはどこの国ですか。

（　　　　　　　　　）

〈日本の石油の輸入先（2016年財務省）〉

その他 15.6%
サウジアラビア 38.6%
イラン 4.8%
クウェート 7.7%
カタール 7.9%
アラブ首長国連邦 25.4%

(2) この国は世界のどの地域にありますか。 （　　　　　　）

(3) この国で主に信じられている宗教は何ですか。この宗教の聖地メッカもあります。

（　　　　　　　　）教

```
サウジアラビア    かんそう
中東地域         さばく
イスラム         油田
```

(4) この国のほとんどを占めている地形は何ですか。 （　　　　　　）

3 次の（　）にあてはまる言葉を┈┈から選んで答えましょう。

(1) この国は、日本のとなりの国で、二千年以上も交流がある国です。何という国ですか。

（　　　　　　　　）

(2) この国の人々は、家族や社会の中の上下関係、伝統を大事にしています。この教えを何といいますか。

（　　　　　　　）

(3) この国で使われている文字は何ですか。

（　　　　　　　）

```
儒教    大韓民国    仏教    ハングル
```

世界全体の課題と国際協力

■ 右の写真について、次の（　）にあてはまる言葉を┊┈┈┊から選んで答えましょう。

(1) 1945年、6年にもおよぶ（①　　　　　　　　）

が終わって、平和を守っていくための組織である

（②　　　　　　　　　）が結成されました。世界の国の

ほとんどが加盟（かめい）しましたが、日本は（③　　　　　　　）であったために、

終戦から11年後の（④　　　　　　　）年に加盟が認（みと）められました。

　現在では、世界のさまざまな国と地域が参加しており、加盟国は約

（⑤　　　　　　　）か国になっています。

　この（②）の組織において、すべての国が参加して話し合いをする

議会を（⑥　　　　　　　）といいます。

```
1956    敗戦国    総会    第二次世界大戦    国際連合    192
```

(2) 次の文で、正しいもの2つに○をつけましょう。

① （　）　国際連合は第一次世界大戦後に設立された。

② （　）　国際連合は各国が核兵器（かくへいき）をもつことを進めている。

③ （　）　国際連合は世界の平和と安全を守り、争いを平和的な手
　　　　　　段で解決する活動をする。

④ （　）　国際連合は経済・社会・文化などの問題を解決し、人権
　　　　　　と自由を守るために、各国に働きかける。

学びのディープポイント! 国際連合には世界の国々が参加していて、世界全体の問題に向き合っているんだ。国際連合にはそれぞれに専門の機関が組織されているよ。ユニセフは芸能人が親ぜん大使を務めたり、ユネスコは世界遺産登録などでよく聞く名前だね。

学習日

2 国際連合では、さまざまな問題に対応するために、それぞれ専門の機関を設置しています。

　　⑦〜⑨はどの機関の仕事ですか。[＿＿]から言葉を選んで答えましょう。

⑦　（　　　　　　　）　教育、科学、文化を通して平和を守る。世界遺産を決定する。

⑦　（　　　　　　　）　子どもを戦争や貧困から守る。

⑨　（　　　　　　　）　紛争や戦争を話し合って解決する。

```
ユニセフ　　ユネスコ　　WTO　　安全保障理事会
```

3 写真を参考に、（　）にあてはまる言葉を[＿＿]から選んで答えましょう。

(1)　写真は日本人が海外で何の指導をしているところですか。

　　　　　　　（　　　　　　　　　　）

©佐藤　浩治/Koji Sato/JICA

(2)　海外でも特にどのような国ですか。

　　　　（　　　　　　　　　）

(3)　日本が(2)で建設しているものを3つ答えましょう。

　　　　（　　　　　　）（　　　　　　　）（　　　　　　　）

(4)　(2)にあたる国の最も重要な問題は何ですか。

　　　　　　　　　　　　（　　　　　　　　　）

```
学校　　道路　　農業　　井戸　　発展途上国　　貧困　　公害
```

世界全体の課題と国際協力

1 現在、世界でおこっている問題について、あてはまる言葉を□□から選んで答えましょう。

(1) 紛争(ふんそう)などが原因で、自分の国を追われて他国に逃げる人々の問題を何といいますか。

（　　　　　）

(2) 貧(まず)しさのせいで、子どもが学校に行けずに働いたり、売られたりしている問題を何といいますか。

（　　　　　）

(3) 地球全体の温度が上昇(じょうしょう)し、さまざまな環境(かんきょう)の異変(いへん)がおこっている問題を何といいますか。

（　　　　　）

(4) 土地を開発していくうえで木などを切ったことで、砂ばくが広がる問題を何といいますか。

（　　　　　）

> 地球温暖化問題　　貧困問題　　難民(なんみん)問題　　砂ばく化問題

2 次の文にあることがらは、**1**の(1)〜(4)のどれに関係していますか。（　）に(1)、(2)、(3)、(4)の記号で答えましょう。

⑦ （　　） 民族や宗教(しゅうきょう)のちがいによって争いがおき、となりの国で長く生活したり、移民しようとする。

④ （　　） 北極の氷がとけたりして、海面が上昇し、海にしずむ国まで現れてきた。

⑨ （　　） 家が貧しくて、子どもも働かないとくらしていけず、学ぶ機会が失われた子どもが世界にはたくさんいる。

⑤ （　　） 木材のとりすぎをしたことで、砂ばくの面積が広がってきている。

学びのディープポイント！ 国際連合では、貧困や温暖化、ふん争、難民などの問題が大きく取り上げられているよ。環境問題などについては、最近採択された地球の未来を考えていくSDGs（持続可能な世界をめざして）という取り組みが注目を集めているよ。

学習日

3 右の写真を見てあとの問いに答えましょう。

(1) これは、北極圏(けん)の氷が溶けてくずれているようすです。原因は何ですか。

(　　　　　　　　　　)

(2) (1)を引き起こした原因は何ですか。

(　　　　　　　　　　)の排出(はいしゅつ)量が増加し、その温室効果で地球の

(　　　　　　)が上昇したため。

(3) (1)が引き起こした問題で、正しい文に○をつけましょう。

㋐ (　　) 夏の冷房(れいぼう)、冬の暖房(だんぼう)で石炭・石油を燃やすので、大気汚(お)染(せん)が発生し、健康ひ害が出ている。

㋑ (　　) 気候の変動で、農作物の生産が増えた。

㋒ (　　) 温度の上昇で水が蒸発(じょうはつ)し、森林や農地がさばくに変わっていく。

㋓ (　　) 動植物の活動が活発になり、種類が増えた。

4 文中の（　）にあてはまる言葉を┊┈┈┊から選んで答えましょう。

3 の問題は (①　　　　　　　　) の未来に関わる問題であり、各国の

(②　　　　　　) やNGOが協力して取り組むと (③　　　　　　　) がSDGs

を決めました。ここには、すべての子どもに (④　　　　　) を受けさせる

ことや (⑤　　　　　　　　) の使用などのこうもくもあります。

┌─────────────────────────────┐
　クリーンエネルギー　　国際連合　　教育　　政府　　地球
└─────────────────────────────┘

世界の国と日本

🗻 日本とつながりが深い国をまとめた表を完成させましょう。Ⓐ～Ⓔには国名を、㋐～㋒には言語を、（　）には ⌐¬¦から言葉を選んで答えましょう。

国　名	言　語	文化、特徴	日本とのつながり
Ⓐ	㋐	儒教、音楽など文化的に深いつながり	日本とはＩＴ産業を通じて貿易が盛ん。音楽やドラマ等の文化交流も多い。
Ⓑ	㋑	第2の貿易相手国。生活や文化で強い影響を受ける。	（①　　　　　）来航以来、（②　　　　　）もふくめ深い歴史関係がある。経済・軍事協力関係にある。
Ⓒ	ポルトガル語	明治時代から多くの日本人が移住。今も子孫が残る	（③　　　　　）や農産物を日本へ輸出。日本からの移民とその子孫が約150万人。この国で活やくしている。
Ⓓ	アラビア語	世界最大の石油産出国、イスラム教の国	日本の（④　　　　　）輸入の最大の相手国。さばくが多いが近代的な都市がある。
Ⓔ	㋒	歴史は古いが急速に発展し人口は世界一で経済は2位	2000年以上のつながりがあり、この国から（⑤　　　　　）や政治、文化面などの多くを学んだ。

中国　　アメリカ　　韓国
ブラジル　　サウジアラビア

英語　　　韓国語
中国語　　スペイン語

石油　　ペリー　　米づくり　　鉄鉱石　　太平洋戦争

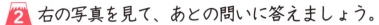

2 右の写真を見て、あとの問いに答えましょう。

(1) この写真は、国際連合に属している子どもの援助（えんじょ）をする国際機関の活動です。この機関の名前は何ですか。

（　　　　　　　　）

©UNICEF/UNI169308/Khuzaie
提供：（公財）日本ユニセフ協会

(2) この機関がしている仕事で正しい文3つに○をつけましょう。

⑦（　　）　世界中の子どもに、安全な水と成長するための栄養がいきわたるようにする。

⑦（　　）　世界中のすべての子どもが教育を受けられるようにする。

⑦（　　）　世界遺産（いさん）を守る活動をする。

⑦（　　）　災害や紛争（ふんそう）にまきこまれた子どもの援助をする。

3 図を見て、（　）にあてはまる言葉を［　　］から選んで答えましょう。

(1) 2015年に「持続可能な開発目標」という目標がある機関で採択（さいたく）されました。採択したのは、何という国際機関ですか。

（　　　　　　　　）

(2) この目標はふつう何とよばれますか。（　　　　　　　　　　）

(3) 目標の中には（①　　　　　　　）の解決や（②　　　　　　　）を受けること、人の不公平をなくすことなど、全部で17項目（こうもく）があります。

┌─────────────────────────────┐
国際連合　　教育　　貧困　　SDGs　　国際連盟
└─────────────────────────────┘

6年　答え

（※イメージマップの解答は省略しています）

① 私たちのくらしと日本国憲法

＜p.6－7＞日本国憲法の三原則と国民主権

1 ① 市区町村　② 法律
③ 日本国憲法　④ 5
⑤ 3　⑥ 憲法記念日

2 (1) ① 国民　② 基本的人権
③ 平和
(2) ⑦ ①　④ ②　⑦ ③

3 (1) 国民主権
(2) 国民
(3) ⑦ 選挙　④ 国民投票
⑦ 国民審査
(4) 18

4 ① 象徴　② 政治
③ 憲法　④ 国事行為

＜p.8－9＞基本的人権の尊重と平和主義

1 (1) ① 自由　② 平等　（①②順不同）
③ 健康　④ 基本的人権
(2) ⑦ 働く　④ 税金
⑦ 教育

2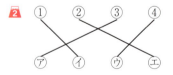

3 (1) ① 戦争　② 軍隊
③ 第9条
(2) 平和主義
(3) ⑦、⑦

＜p.10－11＞国会・内閣・裁判所のはたらき

1 (1) ① 衆議院　② 参議院
③ 4　④ 6
⑤ 解散　⑥ 25
⑦ 30
(2) ⑦、⑦、⑦

2 ① こどもの日　② 勤労感謝の日

3 (1) ① 国会　② 行政
③ 国務大臣　④ 内閣総理大臣
(2) ⑦、④

4 ① 憲法　② 法律
③ 司法　④ 国会　⑤ 内閣

＜p.12－13＞三権分立と地方自治・災害復興

1 (1) ① 権力　② 三権分立
③ 国民
(2) ① 立法、内閣総理大臣、裁判
② 行政、衆議院
③ 司法、憲法
④ 主権者

2 ① 地方自治　② 住民の願い
③ 長　④ 議員　⑤ 選挙

3 ① 市民　② 市議会
③ 市役所

4 ④、⑦

要点まとめ－①

＜p.14－15＞私たちのくらしと日本国憲法

1 (1) 日本国憲法
(2) 国民
(3) 国民、幸福と利益
(4) 国民主権

3 (1) ア 国会　　イ 内閣

　　　　　ウ 裁判所

　　　　　Ⓐ 選挙　　Ⓑ 世論

　　　　　Ⓒ 国民審査

　　(2) ① ア　　② ウ　　③ イ

　　(3) 主権者

　　(4) 三権分立

② 縄文・弥生・古墳時代

<p.18－19>縄文時代・弥生時代（前期）

1 ① 縄文　　　② たて穴

　　③ けもの　　④ 木の実　　⑤ 魚

2 (1) 縄文土器

　　(2) けものや魚

3 ① 米づくり　　② 高床

　　③ むら　　　④ 土地　　⑤ 水

4 (1) 弥生土器

　　(2) ① ウ　　② イ

<p.20－21>弥生時代(後期)・古墳時代(大和朝廷)

1 ① くに　　　② 卑弥呼

　　③ 邪馬台国　④ 中国

　　⑤ うらない

2 (1) 見張り台

　　(2) ほり、さく

　　(3) 鉄製の剣

3 ① 王　　　　② 古墳

　　③ 大仙古墳　④ 政権

　　⑤ 大和

4 ① 兵士　　　② はにわ

　　③ かぶと　　④ 勾(まが)玉

---

　　⑤ 渡来人　　⑥ 漢字

要点まとめ－②

<p.22－23>縄文・弥生・古墳時代

1 ① 縄文　　　② 弥生

　　③ 古墳　　　④ 三内丸山

　　⑤ 吉野ヶ里　⑥ 大仙

　　⑦ 縄文土器　⑧ 採集

　　⑨ 弥生土器　⑩ 米づくり

　　⑪ むら　　　⑫ くに

　　⑬ 大王　　　⑭ 渡来人

　　⑮ はにわ

2 ① 縄　　② 古　　③ 縄

　　④ 弥　　⑤ 弥

3 (1) 米の貯蔵

　　(2) 大和朝廷

　　(3) 渡来人

　　(4) 漢字、織物

③ 飛鳥・奈良時代

<p.26－27>天皇を中心とした国づくり

1 (1) 十七条憲法

　　(2) 聖徳太子

　　(3) 天皇

　　(4) 冠位十二階

　　(5) 法隆寺

　　(6) 国名　隋、人名　小野妹子

2 ① 中大兄皇子　② 中臣鎌足

　　③ 大化の改新　④ 唐

　　⑤ 税　　　　　⑥ 貴族

3

<p.28−29>聖武天皇の願いと仏教の力

1 ① 平城京　　② 奈良
③ 唐　　　　④ 反乱
⑤ 聖武天皇　⑥ 仏教

2 ① 東大寺、大仏　② 聖武天皇
③ 行基　　　　④ 国分寺

3 (1) 遣唐使
(2) シルクロード
(3) 東大、正倉院

4 ① 行基、イ　② 鑑真、ア

要点まとめ−③
<p.30−31>飛鳥時代・奈良時代

1 (1) Ａ　飛鳥、法隆寺、聖徳太子
Ｂ　奈良、東大寺、聖武天皇
(2) ① Ｂ　　② Ａ
③ Ａ　　④ Ｂ

2 (1) Ａ　土地　　Ｂ　税
(2) ① 租　② 調　③ 庸

3 ②、③

④ 平安時代
<p.34−35>貴族中心の政治とそのくらし

1 (1) ① 京都　　② 平安京
③ 平安　　④ 400
⑤ 貴族　　⑥ 十二単
(2) 寝殿造
(3) 年中行事
(4) 和歌

2 (1) ① わたし　② 満月
③ 何もない
(2) 藤原道長
(3) ②
(4) けまり

<p.36−37>日本風の文化と武士の台頭

1 ① 貴族　　② 日本
③ 漢字　　④ ひらがな
⑤ かたかな　⑥ 大和絵

2 (1) 源氏物語、紫式部
(2) 枕草子、清少納言

3 (1) 武士
(2) ① 農民　　② 戦い
(3) ① 平氏　　② 平清盛
③ 源頼朝　④ 源義経

要点まとめ−④
<p.38−39>平安時代

1 ① 平安京　　② 貴族
③ 寝殿造　　④ 藤原
⑤ 藤原道長

2 ②、④、⑤

3 ア　枕草子、清少納言
イ　源氏物語、紫式部

4 ① 藤原氏　② 武士　③ 平氏
④ 源氏　　⑤ 源頼朝
⑥ 源義経

⑤ 鎌倉時代
<p.42-43>武士中心の政治とご恩と奉公

1 (1) ① 平氏　　② 源氏
③ 源頼朝　④ 守護
⑤ 地頭　　⑥ 鎌倉
⑦ 鎌倉幕府
(2) ウ、エ

2 ① 御家人　② 領地
③ 将軍　　④ ご恩と奉公
⑤ 北条氏、執権

<p.44−45>元との戦いとほろびる幕府

1 (1) ① アジア　　② ヨーロッパ

③ フビライ　④ 元

⑤ 朝鮮　　　⑥ 北条時宗

(2) ⑦

2 (1) 左側

(2) ①、④

3 ①、②

4 ① 御家人　② 奉公

③ ご恩　　④ 幕府

要点まとめ−⑤

<p.46−47>鎌倉時代

1 ① 平清盛　　② 平氏

③ 源頼朝　　④ 守護

⑤ 地頭　　　⑥ 御家人

⑦ ご恩　　　⑧ 奉公

⑨ 北条氏　　⑩ 元

⑪ 領地

2 ① 承久　　② 北条政子

③ 執権

3 (1) 北条時宗、執権

(2) ⑦

(3) 御家人

⑥ 室町時代

<p.50−51>室町幕府と金閣・銀閣

1 ① 金閣、室町時代　② 足利義満

③ 北山文化　　　　④ 足利尊氏

2 ⑦

3 ① 銀閣　② 足利義政

③ 東山　④ 日本

4 ① 大名　　② 争い

③ 応仁の乱　④ 戦国時代

<p.52−53>今に伝わる文化と人々のくらし

1 (1) 書院造

(2) ⑦ ふすま　　⑦ たたみ

⑦ 床の間　　⑦ しょうじ

(3) 生け花

2 ① 茶の湯　　② 水墨画

3 ① 明（中国）② 雪舟

③ 日本風　　④ 茶の湯

⑤ 能や狂言

4 ① 牛　② くわ

③ 灰　④ 田植え

要点まとめ−⑥

<p.54−55>室町時代

1 (1)

	時期	場所	建てた人	建築様式	特ちょう
Ⓐ	⑦	⑦	⑦	⑦	⑦
Ⓑ	⑦	⑦	⑦	⑦	⑦

(2) Ⓐ

(3) Ⓑ

2 (1)

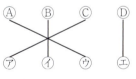

(2) 雪舟

(3) ⑦、⑦

⑦ 安土桃山時代

<p.58−59>戦国の世から天下統一

1 ① 室町時代　② 大名

③ 織田信長　④ 今川義元

⑤ 室町　　　⑥ 戦国

⑦ 天下統一

2 ① 長篠　　② ⑦織田　⑦武田

③ 鉄砲　　④ ポルトガル

3 ① 安土城　② 楽市楽座
　　③ 堺　　　④ 教会
　　⑤ フランシスコ・ザビエル
4 ④、⑦

<p.60−61>天下統一から朝鮮出兵
1 ① 織田信長　② 明智光秀
　　③ 豊臣秀吉　④ 大阪城
　　⑤ 安土桃山
2 ① 検地　② 面積　③ ねんぐ
3 (1) ① 農民　② 武士
　　(2) 刀狩
　　(3) ⑦、⑦
4 (1) ⑦、朝鮮
　　(2) ⑦

要点まとめ−⑦
<p.62−63>安土桃山時代
1 ① 鉄砲
　　② フランシスコ・ザビエル
　　③ 桶狭間　　④ 安土城
　　⑤ 明智光秀　⑥ 検地
　　⑦ 大阪城　⑧ 刀狩　⑨ 朝鮮
　　Ⓐ 織田信長　Ⓑ 豊臣秀吉
2 ① 鉄砲　② 織田信長
　　③ 長篠　④ 堺
3

Ⓐ織田信長
Ⓑ豊臣秀吉
⑦
⑦
⑦
⑦

⑧ 江戸時代（前半）
<p.66−67>江戸幕府の政治と大名への支配
1 (1) ① 関ケ原　② 徳川家康

③ 江戸　　④ 江戸時代
⑤ 武家諸法度　⑥ 大名
⑦ 大阪　　⑧ 参勤交代
　(2) ⑦ 外様　⑦ 親藩
　　　⑦ 譜代
2 (1) 大名行列
　　(2) ⑦、⑦、⑦
　　(3) 徳川家光
　　(4) ① 幕府　② お金

<p.68−69>農民・町民への支配と人々のくらし
1 ① 町人　② 百姓
　　③ 武士　④ 百姓　⑤ 武士
2 ① 百姓　② 仕事　③ 五人組
　　④ ねんぐ　⑤ 共同責任
3 千歯こき　③、⑦
　　備中ぐわ　①、⑦
　　とうみ　　②、⑦
4 ① 2　　　② 生産量
　　③ 新田開発　④ 大阪
　　⑤ 江戸

<p.70−71>鎖国とキリスト教の禁止
1 (1) ① 商人　② 東南アジア
　　　③ 宣教師　④ キリスト教
　　　⑤ 徳川家光　⑥ 鎖国
　　(2) ふみ絵
　　(3) 島原・天草
　　(4) ポルトガル、スペイン（順不同）
2 (1) 長崎
　　(2) 鎖国
　　(3) オランダ、清（中国）
3 (1) ⑦
　　(2) 朝鮮通信使

要点まとめ−⑧

<p.72−73>江戸時代（前半）①

■ (1) ⓐ 徳川家康　　ⓘ 徳川家光
　　　　ⓑ 武家諸法度　　ⓒ 参勤交代

　　(2) ① 外様　　② 反乱
　　　　③ 親藩　　④ 江戸
　　　　⑤ 譜代

　　(3) ① ⓤ
　　　　② ㋐ 弱める　　㋑ 江戸
　　　　　　㋒ 費用　　　㋓ 人質

2 ㋐ 武士、帯刀
　　㋑ 百姓、ねんぐ
　　㋒ 町人、商業

要点まとめ−⑨

<p.74−75>江戸時代（前半）②

■ (1) ① 朝　　② 昼　　③ 夜
　　　　④ 酒　　⑤ 米

　　(2) ⓤ

2 (1) 島原・天草、天草四郎
　　(2) ㋐ ねんぐ　　㋑ キリスト教

3 (1) ふみ絵
　　(2) 幕府
　　(3) 鎖国

4 (1) ④
　　(2) ②、③
　　(3)

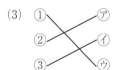

⑨ 江戸時代（後半）

<p.78−79>町人文化と新しい学問

■ (1) ① 町人　　② 近松門左衛門
　　　　③ 人形浄瑠璃

　　(2) ① 浮世絵　　② 歌川広重

2 ①　㋐
　　②　㋑

3 (1) 国学、本居宣長
　　(2) 蘭学
　　　　① 杉田玄白、解体新書
　　　　② 伊能忠敬

4 寺子屋、そろばん

<p.80−81>黒船来航と開国

■ (1) アメリカ
　　(2) ペリー
　　(3) ㋐、㋒
　　(4) 日米和親条約
　　　　下田、函館　（順不同）

2 (1) 日米修好通商条約
　　　　新潟、兵庫、長崎、神奈川（順不同）
　　(2) ① 治外法権（領事裁判権）、法律
　　　　② 関税自主権、税

3 ㋑

<p.82−83>たおれる幕府と大政奉還

■ (1) 大ききん
　　(2) 4
　　(3) 町　　打ちこわし
　　　　農村　　百姓一揆
　　(4) 大塩平八郎
　　(5) 天皇
　　(6) ① 薩摩　　② 長州
　　　　③ 土佐
　　　　㋐ 大久保利通　　㋑ 西郷隆盛
　　　　㋒ 木戸孝允　　　㋓ 坂本龍馬

2 ① 大政奉還　　② 徳川慶喜

要点まとめ－⑩

<p.84－85>江戸時代（後半）①

1 ① 人形浄瑠璃 ② 浮世絵

③ 近松門左衛門 ④ 歌川広重

⑤ 曽根崎心中

⑥ 東海道五十三次

2 寺子屋

3 (1) Ⓐ ㋐ Ⓑ ㋑ Ⓒ ㋑

(2) ① ㋑ ② （なし） ③ ㋐

(3) Ⓐ 本居宣長 Ⓑ 杉田玄白

Ⓒ 伊能忠敬

(4) ㋐ 古事記伝 ㋑ 解体新書

㋒ 日本地図

要点まとめ－⑪

<p.86－87>江戸時代（後半）②

1 (1) ㋐ 大塩平八郎 ㋑ ペリー

㋒ 徳川慶喜

Ⓐ 打ちこわし

Ⓑ 日米修好通商

Ⓒ 関税自主権

Ⓓ 治外法権（領事裁判権）

Ⓔ 薩長

(2) ③

(3) ①

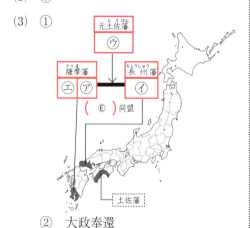

② 大政奉還

⑩ **明治時代（前半）**

<p.90－91>明治維新と富国強兵

1 (1) 天皇

(2) 五か条の御誓文

(3) ㋐ 薩摩 ㋑ 長州

(4) ① 版籍奉還

② 廃藩置県

(5) 明治維新

2 ① 殖産興業、富岡

② 徴兵令、20

③ 地租改正、3、現金

④ 学校制度

3 ① 四民平等

② ㋐ 平民 ㋑ 士族

③ 解放令

<p.92－93>文明開化

1 (1) ㋐ 人力車 ㋑ 馬車

㋒ ガス灯 ㋓ 洋服

㋔ レンガ造り

(2) ① パン、牛なべ

② 太陽、7日間

(3) 文明開化

2 (1) ① 郵便 ② 新聞

③ 福沢諭吉

(2) ① 鉄道 ② 横浜 ③ 人

(3) 学校

<p.94−95>自由民権運動と大日本帝国憲法

① ① 西郷隆盛

② 自由民権、板垣退助

③ 伊藤博文、ドイツ

④ ⑦ 自由　　⑦ 立憲改進

② (1) 大日本帝国

(2) ① 天皇　　　② 内閣

③ 帝国議会　　④ 貴族院

(3) ②、④

要点まとめ―⑫

<p.96−97>明治時代（前半）

① (1) Ⓐ 江戸　　　Ⓑ 明治

(2) あ 徳川慶喜

い 五か条の御誓文

う 自由民権　　え 西南

お 国会　　　か 大日本帝国

き 帝国議会

(3) ① 四民平等、平民

② 新聞、郵便

(4)

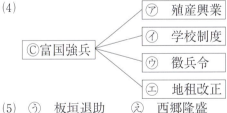

⑦ 殖産興業

⑦ 学校制度

⑦ 徴兵令

⑦ 地租改正

Ⓒ富国強兵

(5) う 板垣退助　　え 西南隆盛

お 伊藤博文

要点まとめ―⑬

<p.98−99>明治時代（前半）

① (1) Ⓑ、Ⓐ

(2) 四民平等

(3) 天皇

(4) ⑦ 神　　⑦ 議会

⑦ 陸海軍

② (1) 衆議院

(2) ① 25　　　② 男子

③ 税金　　④ 女子

③ ①　⑦
②　⑦
③　⑦
④　⑦
⑤　⑦

⑪ 明治時代（後半）・大正時代

<p.102−103>日清戦争・日露戦争

① (1) 日清

(2) ⑦ 日本　　⑦ 中国（清）

⑦ 朝鮮

(3) ① リャオトン　　② 多額

(4) ロシア

② (1) 日露

(2) 韓国、中国（清）

(3) 満州

(4) 東郷平八郎

(5) ②、③、⑤

<p.104−105>日本の政策と条約改正

① ① 与謝野晶子

② ⑦

② (1) ① 韓国　　② 植民地

③ 安い　　④ 日本

(2) ① 天皇　　② 歴史

③ (1) ノルマントン号

(2) イギリス

(3) 日米修好通商

⑦ 治外法権（領事裁判権）

⑦ 関税自主権

(4) ⑦ 陸奥宗光　　⑦ 小村寿太郎

左段

<p.106−107>産業・文化の発展と公害問題

1 (1) ㋐ 生糸　㋑ 八幡

　　　㋒ 重工業

　(2) ① 富岡　② 安い

　　　③ 長時間

　(3) ① 足尾銅山　② 田中正造

　　　③ 産業

2 ① 北里柴三郎　② 野口英世

　③ 志賀潔

3 ① 夏目漱石　② 樋口一葉

　③ 与謝野晶子　④ 正岡子規

　⑤ 津田梅子

<p.108−109>民主主義運動と米騒動

1 (1) 関東大震災

　(2) ① 平塚らいてう

　　　② 全国水平社

　　　③ 普通選挙、25

　(3) 治安維持

2 ① 1931

　② 60

　③ 1932、48.9

　④ 農村

3 ①、③、④

要点まとめー⑭
<p.110−111>明治時代（後半）

1 (1) ① ノルマントン号　② 韓国

　　　Ⓐ 日清　Ⓑ 日露

　(2) ㋐

　(3) ㋐ 陸奥宗光　㋑ 小村寿太郎

右段

2 (1)

	Ⓐ戦争	Ⓑ戦争
戦争国	㋑	㋐
得た物	㋓と㋔	㋒と㋕

　(2) 八幡製鉄所

　(3) ②、③

要点まとめー⑮
<p.112−113>明治時代（後半）・大正時代

1 (1)

	輸入品	輸出品
日清戦争前〔1885年〕	綿糸、砂糖	生糸、緑茶

　(2) ① 軽工業　② 重工業

　　　③ 富岡　④ 八幡

　　　⑤ 造船

　(3) 足尾銅山、田中正造

2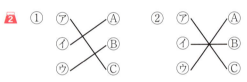

3 ① ㋐ 平塚らいてう

　　　㋑ 全国水平社

　② 普通選挙、男子

⑫ 大正・昭和時代
<p.116−117>アジアに広がる戦争

1 (1) ㋐ 軍人　㋑ 満州

　　　㋒ 中国軍

　(2) ③、④

　(3) 満州事変

　(4) 満州国

2 (1) 国際連盟

　(2) ① 認められなかった

　　　② 脱退

　(3) 日中

　(4) 石油

　(5) アメリカ、イギリス

<p.118−119>太平洋戦争と終戦

1 ① イタリア　② アメリカ

③ 第二次世界大戦　④ 中国

⑤ 石油　⑥ 太平洋戦争

2 ①、②、⑤

3 (1) ① 東京大空しゅう　② 沖縄

(2) ① 原子爆弾

② ⑦ 広島　⑦ 長崎

<p.120−121>戦争中の人々のくらし

1

2 ① 食料　② 配給制　③ 鉄

3 ②、③、④

4 (1) 中国

(2) 1750（万人）

(3) 四分の一

(4) 原子爆弾

要点まとめ−⑯

<p.122−123>昭和時代

1 (1) Ⓐ 満州事変　Ⓑ 日中戦争

Ⓒ 太平洋戦争

(2) ① 満州国の建国

② 国際連盟脱退

③ ナンキン事件

(3) ① 苦しく　② 軍部

③ 満州　④ 資源

(4) ① 石油　② 東南アジア

③ アメリカ

(5)

	記号	地名
⑦	ⓘ	東京
⑦	ⓐ	沖縄
⑦	ⓤ	広島
	ⓔ	長崎

要点まとめ−⑰

<p.124−125>昭和時代

1 (1) Ⓐ

(2) 石炭、鉄鉱石

(3) ⑦

(4) 石油

2 (1) 国民

(2) ① ⑦　② ⑦

③ ⑦　④ ⑦

(3) ⑦ アメリカ　⑦ 日本

3

⑬ 昭和・平成・令和時代

<p.128−129>新しい日本と平和的な憲法

1 (1) ① アメリカ　② 日本国憲法

③ 戦争　④ 戦力

⑤ 平和憲法

(2) ① 国民

② 平和

③ 基本的人権

(3) 象徴

(4) ① 平等　② 20　③ 自由

2 ① 青空教室　② 学校給食

③ 栄養　④ 6　⑤ 3

<p.130-131>日本の国際社会への復帰と経済成長

■ (1) ① 国際連合　② アメリカ

③ ソ連

④ サンフランシスコ

⑤ 中国

(2) ㋐ 韓国　㋑ 北朝鮮

㋒ 朝鮮　㋓ 冷たい

(3) 沖縄県

② ①———㋐

②——㋑

③——㋒

(交差)

③ (1) Ⓐ 高度経済成長　Ⓑ テレビ

Ⓒ 東京オリンピック

Ⓓ 四大公害病

(2) 東海道新幹線

要点まとめ-⑱

<p.132-133>昭和・平成・令和時代

■ (1) ① 軍隊　② 自由

③ 20　④ 男女

⑤ 平等

(2) 日本国憲法

(3) ① 平和主義　② 国民主権

③ 基本的人権の尊重

(4) 象徴

② (1) ① オリンピック

② 万国博覧会　③ 東日本

(2) テレビ

(3) クーラー

(4) 水俣病

要点まとめ-⑲

<p.134-135>昭和・平成・令和時代

■ (1) ㋐ 昭和　㋑ 平成

㋒ 令和

① ソ連　② 韓国

③ 中国

(2) ㋐ 国際連合

㋑ サンフランシスコ

㋒ オリンピック　㋓ 沖縄

(3) ㋐ アメリカ　㋑ ソ連

㋒ 冷たい

(4) 日米安全保障条約、アメリカ

(5)

	名　前	記号
①	北方領土	㋐
②	竹島	㋑
③	尖閣諸島	㋒

(6) 朝鮮民主主義人民共和国

⑭ 世界の国と日本

<p.138-139>日本とつながりの深い国

■ (1) ① 貿易額　② 人口

③ 文化

(2) 1位　中国

2位　アメリカ（合衆国）

3位　韓国

② (1) アメリカ（合衆国）

(2) ペリー

(3) 太平洋

(4) ① 26　② 3

③ ワシントン　④ 英語

⑤ IT

3 (1) ブラジル（連邦共和国）

(2) 日系ブラジル人

(3) ① 22　② 2

③ ブラジリア

④ ポルトガル語　⑤ 農業

⑥ 鉄鉱石

<p.140−141>日本とつながりの深い国

1 (1) 中華人民共和国

(2) ⑦、エ、オ

(3) ⑦、ウ、エ

(4) ① 25　② 14　③ 北京

④ 中国語　⑤ 機械

2 (1) サウジアラビア

(2) 中東地域

(3) イスラム

(4) さばく

3 (1) 大韓民国

(2) 儒教

(3) ハングル

<p.142−143>世界全体の課題と国際協力

1 (1) ① 第二次世界大戦

② 国際連合　③ 敗戦国

④ 1956年　⑤ 193

⑥ 総会

(2) ③、④

2 ⑦ ユネスコ　⑦ ユニセフ

⑦ 安全保障理事会

3 (1) 農業

(2) 発展途上国

(3) 井戸、道路、学校（順不同）

(4) 貧困

<p.144−145>世界全体の課題と国際協力

1 (1) 難民問題

(2) 貧困問題

(3) 地球温暖化問題

(4) 砂ばく化問題

2 ⑦ (1)　⑦ (3)

⑦ (2)　エ (4)

3 (1) 地球温暖化（現象）

(2) 二酸化炭素、（平均）気温

(3) ⑦

4 ① 地球　② 政府

③ 国際連合　④ 教育

⑤ クリーンエネルギー

要点まとめ−⑳
<p.146−147>世界の国と日本

1

国 名	言 語	文化、特徴	日本とのつながり
Ⓐ 大韓民国	⑦ 韓国語	儒教、音楽など文化的に深いつながり	日本とはIT産業を通じて貿易が盛ん。音楽やドラマ等の文化交流も多い。
Ⓑ アメリカ	⑦ 英語	第2の貿易相手国。生活や文化で強い影響を受ける。	（① ペリー）来航以来、（② 太平洋戦争）もふくめ深い歴史関係がある。経済・軍事協力関係にある。
Ⓒ ブラジル	ポルトガル語	明治時代から多くの日本人が移住。今も子孫が残る	（③ 鉄鉱石）や農産物を日本へ輸出。日本からの移民とその子孫が約150万人。この国で活やくしている。
Ⓓ サウジアラビア	アラビア語	世界最大の石油産出国、イスラム教の国	日本の（④ 石油）輸入の最大の相手国。さばくが多いが近代的な都市がある。
Ⓔ 中国	⑦ 中国語	歴史は古いが急速に発展し人口は世界一で経済は2位	2000年以上のつながりがあり、この国から（⑤ 米づくり）や政治、文化面などの多くを学んだ。

2 (1) ユニセフ

(2) ⑦、⑦、エ

3 (1) 国際連合

(2) SDGs

(3) ① 貧困　② 教育

キソとキホン

「わかる！」がたのしい社会　小学6年生

2020年11月20日　発行

著　者　小山　修治郎
　　　　馬場田　裕康

発行者　面屋　尚志

企　画　清風堂書店

発行所　フォーラム・A
　　　　〒530-0056　大阪市北区兎我野町15-13
　　　　TEL 06-6365-5606／FAX 06-6365-5607
振　替　00970-3-127184

制作編集担当　田邉光喜
表紙デザイン　畑佐実